島國知音

台灣問題專家葛超智其人其事

目　次

島
國
知
音
———
台
灣
問
題
專
家
葛
超
智
其
人
其
事

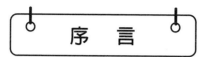

序 言

杜祖健

　　2018 年，我和比嘉辰雄教授一起編著，由沖繩新星出版社自費發行《沖縄と台湾を愛した　ジョージ・Ｈ・カー先生の思い出》一書。此書雖然只有在沖繩和台灣兩地限量發售，但仍然獲得很好的評價。

　　這次榮幸獲得前衛出版社的應允，重新以中文翻譯的形式出版，又增加兩篇文章，實在是一件令人欣喜的事情。

比嘉辰雄老師（左）與筆者（右）合影於金字塔之前。當時我在開羅（Cairo）主持國際會議，同時邀請比嘉老師擔任講者。遺憾的是，比嘉老師已在 2016 年離我們而去。

　　由台灣作者所提供的文章，內容都有經過補充和修訂，個人負責部分的文稿也都是重新繕寫而成。筑波大學的吉原ゆかり（YOSHIHARA Yukari）老師為中文版貢獻兩篇新文章，更是令人振奮的事。葛超智先生（台灣人以前稱呼 Kerr 為カール先生，日本方面則習慣以カー先生稱呼他）所寫的《被出賣的台灣》一書，多年前就有中文譯本在台灣出版（前衛出版社）。同書的日文翻譯版本，則直到 2006 年才由蕭成美醫師（Dr. Cheng-Mei Shaw）翻譯完成，並在日本出版發行。本想邀請蕭成美醫師再針對日文版的翻譯過程進行補充說明，無奈卻在網路得知，蕭醫師在今年（2022）的 1 月 6 日過世，委實令人遺憾。

　　和日文版不同的地方是，本書將台灣相關的文章放在前半部。吉原ゆかり先生加筆二章，這是日文版沒有的。在此也感謝擔任中文版翻譯工作的蔡岳熹醫師，蔡醫師年輕時曾在日本求學，目前則於台南市執業。

　　最後，再次向承擔本書發行的前衛出版社致上最高謝意！

第一章

海洋史觀即是台灣獨立史觀
－從葛超智(George H. Kerr) 的台灣史研究論起[*]

蘇瑤崇

[*] 本文完成感謝美國東北大學 Jonathan Benda 教授提供寶貴意見，以及哈佛大學文獻館（Harvard University Archives）藏費正清與葛超智往來相關書信。

一、前言：沒有主體性史觀的台灣歷史教育

「史觀」是我們看待歷史的一種方式，也就是我們所意識到的歷史，我們的歷史意識。周樑楷教授指出：「歷史意識就是人們自我察覺過去、現在和未來之間總是不斷流動的，而且在這種過程中每一件事物都在變遷之中。歷史意識就是變遷的意識。歸結而言，歷史意識是種自覺，從生命的主體出發，形成另一種思維的方法。」[1] 換言之，「史觀」就是我們如何看待過去，以及如何從過去來看待我們的「現在」與「未來」。

司馬遷提出「通古今之變，究天人之際」。「天人之際」的意義，可以說是一種生命的意識，乃至於社會群體之意識。「孔子作春秋，而亂臣賊子懼」，提出的則是一種「是非判斷」，透過是非判斷以釐清未來方向。從這些歷史的意義中告訴我們，探究歷史是要追求一種對未來的「價值觀」。簡單的說，「史觀」也就是對未來的「價值判斷」，而無論在「治史」、或「歷史教育」，這點都是最根本之

島國知音
台灣問題專家葛超智其人其事

6

1　周樑楷，〈歷史意識是種思維的方法〉（收於《歷史與現實》2，2006），pp.160-161。另外，周樑楷教授有關歷史意識之研究，收錄在其大著《史學思想與現實意識的辯證關係：近代英國左派史家的研究》（台北：合志文化出版，2001），書中舉證了許多史家的史觀和他的現實意識，包括當下與未來之關係。

核心。然而，若從此觀點來看現階段的歷史教育，甚或是歷史研究，台灣似乎存在著一種欠缺主體性的「史觀」或「歷史價值觀」的狀態。

在戒嚴時代，台灣史研究是處於被忽略、被壓抑的狀態。這使得台灣人成為不知道歷史，也不重視歷史，更不知道歷史價值的族群。過去台灣史的研究，不過是中國史架構下的一個地方研究，是中國史研究的一部分，台灣不過是中國人移民的延伸，台灣研究不過是爲了尋根溯源或者尋找與中國之連結或臍帶關係而已。這種往後看與回到過去之歷史思維，可以稱爲「大陸史觀」。不僅台灣學者以這種「史觀」研究台灣史，外國學者也是如此。學者如此，更不用說教育者更脫離不了這種狹隘史觀的框架。

但隨著台灣政治的自由開放，在許多先知的鼓舞推動下，終於有了台灣史研究的風潮。或許有鑒於過去「大陸史觀」扭曲了台灣史研究，於是有「海洋史觀」之提倡。一般認爲，最早在 1990 年有曹永和院士提出「台灣島史」的研究概念。其所謂「台灣島史」的意涵，即是「台灣透過海洋與外界建立的各種關係，以及在不同時間段落裡，在世界潮流國際情勢中的位置與角色」。[2] 另外，杜正勝

2 陳國棟〈台灣史與東亞海洋史〉，收於《東亞海洋史與台灣島史座談會記錄》（台北：財團法人曹永和基金會，1999），p.10。

院士也提出長久以來台灣只重視「陸權的史觀」，缺乏「海洋史觀」。他描述其海洋史觀說：「我們是個海島，但我們從小到大念課本、念詩歌散文，有多少是描寫海洋？我們的藝術作品，又有多少是為周遭海洋而創作？」「我們雖然四面環海，卻與海洋是隔絕的。其實不必談到什麼硬邦邦的史觀，我們只要去思考，你是否知道，台灣四周的海域有哪些？海洋在我們的生活思想中，到底占有多少成分？而海洋又在我們的知識養成中占有多少比重？」[3]

上述提出「海洋史觀」研究具有影響力的這兩位中研院院士，他們的看法有一個共同點，即認為所謂的「海洋史觀」就是要加強台灣史研究或強調台灣與海洋關係之研究。不過這種看法與主張，比較屬於提倡一種新的研究領域或發掘新的研究對象，與本文所要論述的歷史思維與「價值觀」，或者說歷史發展的解釋理論，有根本上的差異。

「史觀」是一種思維方式，也是一種價值判斷，也是一種歷史解釋，但卻絕非是「研究領域」的代名詞。在「史觀」觀點下的台灣史研究，重點並不應該只在研究對象與研究領域，而應該是在以

島國知音

台灣問題專家葛超智其人其事

3　見《新台灣新聞週刊》（2004 年 6 月）。

怎樣的「歷史意識」看待「台灣」的過去，思考其未來，以及從研究中提出「價值判斷」。「大陸史觀」是一種往後看、回到過去、尋找與中國之臍帶關係與連結、在舊文化中尋找價值的歷史思維。相對於此，「海洋史觀」則應該是一種探討脫離大陸飄洋過海移民之新歷史文化的形成與發展過程，更積極地判斷其特殊性、未來性，及追求新時代的新價值之歷史思維。

最早與真正提倡「台灣史海洋史觀」者，並非始於曹永和院士，而是美國前駐台副領事葛超智（George H. Kerr，1911-1992）先生。他的「海洋史觀」可以用即是「台灣獨立的史觀」來說明。他對台灣歷史發展的思維，簡單的說就是在形成獨自的歷史、文化與價值的過程。這種思維方式表現在他有關台灣史的論文與著作中。正因如此，使他的史觀與研究著作，在過去國內外的台灣史研究中顯得特別與眾不同。

然而，過去由於政治扭曲之故，國人對於葛超智先生「海洋史觀」的思維方式與台灣史研究，所知甚少。本文目的即是透過介紹葛超智先生著作中的「史觀」，來探討「海洋史觀」的內涵，進而檢討歷史意識在台灣歷史研究與教育之意義。而本文所根據之葛超智資料，主要收藏於台北市二二八

紀念館、[4] 沖繩縣公文書館、[5] 以及哈佛大學文獻館
（Harvard University Archives）。

二、葛超智的生平與其著作關係

　　葛超智發表過許多有關台灣史的論文、評論，
以及專書，而其中《*Frontier Island: Formosan History
and the Separatist Tradition*（國境之島：台灣歷史與分離主
義者的傳統）》，《*Formosa: Licensed Revolution and the
Home Rule Movement, 1895-1945*（台灣：認可的革命與自
治運動）》，《*Formosa Betrayed*（被出賣的台灣）》，

4　台北市二二八紀念館館藏葛超智資料，其編號方式 A-GK-000（系
　　列）-0000（卷）-000（件）。

5　沖繩縣公文書館位在日本沖繩縣南風原町新川。葛超智先生因為
　　戰後投入琉球歷史研究之故，與沖繩有密切關係。是以在他過世
　　之後，1996 年，其法定代理人克里斯‧皮爾司（Chris Pearce）
　　先生，將其留下的最後相關資料，捐贈給沖繩縣新成立的公文書
　　館，共 31 箱，總數達 1,851 件，可知數量之豐富。其資料分類方
　　式，分五大系列群，包括：一，有關日本與琉球出版品與相關資
　　料（Publications on Japan and Okinawa and Related Proj-
　　ects）；二，有關台灣出版品與相關計畫資料（Publications on
　　Taiwan and Related Projects）；三，有關夏威夷著述的相關資
　　料（Writings on Hawaii with Related Papers）；四，其他相
　　關的學術出版或計畫（Other Academic Publications and Proj-
　　ects）；五，個人文件（Personal Papers）。在這五大系列群下，
　　再有第二層的分類項，然後在分類項下，才是第三階層的各文件編
　　號。基本上資料所引編號為 GHK0A0000，即 GHK0（系列）A（分
　　類）0000（件）。

以及 1986 年的《*The Taiwan Confrontation Crisis（面對危機的台灣）*》[6] 這四本書構成他對台灣通史的主要看法。書中的主要內容大抵陸續形成於 1940 年代至 1960 年代前半，但各書出版時間卻有先後不同，這點也受到冷戰時期問題的影響，底下先從其生平與成書之關連論起。

　　葛超智出生於 1911 年 11 月 7 日美國賓州派克斯堡（Parkesburg）一個小鎮中長老教會的牧師館。1929 至 1931 年間，他就讀維吉尼亞州雷吉蒙大學（University of Richmond）哲學系，主修邏輯。因修課關係，認識姓李（Lee）的華裔學生，從而開始對東洋事物感到興趣。而後到佛羅里達州羅倫斯大學（Rollins College），1932 年獲得學位。之後，拿到燕京大學獎學金，原計畫往北京留學，但中途到檀香山後，他決定先修完碩士課程後再留學，期間主要選修太平洋史與亞洲史相關課程。1935 年拿到夏威夷大學藝術碩士學位後，前往日本，後來為了透過藝術深入了解日本的社會、文化，最後放棄到北京留學的計畫。

　　在日本留學期間，他主要的關心是日本的歷史與文化，特別是在於日本傳統藝術方面。他寫下的

6　底下為敘述方便，省略英文名字，僅以中文書名稱之。

第一本書，即是有關日本美術的書籍。該書原計畫
於 1942 年 2 月由東京的北星堂（Hokuseido）出版，
並已完成排版和印製，命名為《日本美術と傳統的
研究》，卻毀於 1944 年的空襲戰火中。[7]

　　之後，友人因病而無法履行在台北的英文教師
合約，必須回國，所以託他繼續未完的合約。1937
年 8 月之後，他來到台灣教書，先後任教台北高
商、台北高等學校。原先他只想停留半年，但契約
完了時，又一再續約，直到 1941 年 3 月底為止。[8]
當日本發動中國戰爭後，美日關係逐日惡化，加深
生活之不便，因而促使他離台回美，[9] 這是他初次實
際接觸到台灣社會與文化的期間。回美國後，進入

7　在沖繩縣公文書館藏之 GHK2D05009、GHK2A06002 中提到
　　他寫的文章發表於東京之《Contemporary Japan（當代日本）》
　　以及上海的《Il Marco Polo》。而在 1984 年時，葛超智曾將他
　　的藏書與《日本美術と傳統的研究》（Japanese Arts and Social
　　Traditions）該書稿本，一起捐贈給琉球大學附屬圖書館。並被編
　　成目錄編號 702.1。然而，在幾年前該館圖書整理時卻將該稿本列
　　為「可以廢棄」之名單。筆者在 2012 年 8 月與神奈川大學泉水
　　英計教授至該館調查時，已查不到該稿本之下落。另外，在 GH-
　　K2D05009 中，也提到 1937 年他寫的《The Lineage of Japa-
　　nese Buddhist Sects》（日本佛教宗派的世系）出版，日後又有
　　再版。由此可知，他在日本期間，最主要興趣還是在於文化方面。

8　在台任教相關契約書，可以參考沖繩縣公文書館藏 GH-
　　K5D01001-01013 等。另外，GHK5I 與 5J 資料非分類項中，有
　　許多在台任教時學生的照片或紀錄等。

9　見沖繩縣公文書館藏 GHK4C01023。

哥倫比亞大學攻讀博士班，不久 1941 年 12 月 8 日
珍珠港事變發生，改變了他一生的命運。[10]

　　他真正對台灣史的理解與研究，應該是始於
任軍職期間（1942）。珍珠港事變後，他認為日本
終將失敗，台灣將捲入戰場，因他是極少數曾長期
待過台灣的美國人，考量自身經驗或許對美軍有所
助益，遂於 1942 年 1 月毛遂自薦。獲陸軍邀聘，
在華盛頓五角大廈軍事情報部日滿支局（the Japan-
Manchuria Branch of Division of the Military Intelligence）任
陸軍文職「台灣專家」（Formosa Specialist）的工作，
從事各種有關台灣軍事情報的分析、戰略與軍事計
畫策定等。[11]

　　在《被出賣的台灣》一書中他提到，珍珠港事
變後，軍事情報處「日本／滿洲」分處（G-2），設
立了「朝鮮／台灣」區域附屬單位（area desks）。研
究此區域的相關專家被邀請過來，有關日本帝國及
其屬地的報告紛紛從世界各地送進此單位。這些詳

10　葛超智經歷，參自沖繩縣公文書館藏 GHK2A06002、
　　GHK2A06009、GHK2D05007、GHK4C01003、GH-
　　K4C01024-01026、GHK4C01029 等自傳資料，以及琉球大學
　　藏「1984 年 2 月 20 日葛超智致琉球大學圖書館事務長平良惠」
　　與「1985 年 3 月 10 日致館長瀨名波之信」。

11　參考沖繩縣公文書館藏 GHK2A06009、GHK4B01039、GH-
　　K4C01006、GHK4C01024、GHK5D01013。

盡的最新情報資料大多來自英國的情報當局，加拿
大和英國的傳教團體。這些人曾在台灣服務多年，
了解當地的各種語文或方言，足跡遍行全島各地。
也包括戰俘的報告、或從敵人所獲得的文件。透過
這些情報，了解到台灣在日本帝國內整體經濟及軍
事中所扮演的角色。包括台灣之金屬（銅、鋁、金）、
煤、木材、紙漿、工業化學用品、及各類食物及人
力，以及港口和機場之交通等主要經濟狀況。也包
括島內的社會與政治的緊張狀況，或最新的工業動
態、新工廠、與通訊系統、生產水準、技術、及勞
工組織等等情形。

　　在 1942 年文職期間，他發表了「Notes on
The Japanese Inner Zone」、[12] 「Formosa and
Japan's "Peace"」（福爾摩沙與日本的和平）、[13] 以及
「Formosa: Colonial Laboratory」（福爾摩沙：殖民
實驗所）。[14] 這幾篇文章不僅強調台灣做為日本南
進基地，在西太平洋戰略位置之重要，更從政治角
度勾繪出日本之台灣殖民統治的技巧，與進步之
處，並不能以歐洲的殖民方式比擬或理解，提醒

12　《葛超智先生文集（Collected Papers by George H. Kerr）》
　　（台北二二八紀念館，台北，2000），p.1。（底下簡稱文集）。

13　見《文集》編號 002，pp.2-12。

14　見《文集》編號 003，pp.13-18。

未來政治戰略之重要性。同時在 7 月 31 日也提出題爲「Review of Special Administrative Problems Relative to an Occupation of Formosa（評論占領台灣後一些特殊的治理問題）」，[15] 與題爲「Draft: The Occupation and Subsequent Administration of Formosa（占領台灣與之後的治理機構）」之報告，[16] 在前述兩報告基礎下 9 月 17 日發展成「Politico-Economic Problems in Formosa」。[17] 這些報告的主旨在建議「國際共管」台灣，並承諾給台灣人最大程度的自治；而經一段時間後，由住民自決（Plebiscite）方式結束占領，決定將來是自治或回歸

15　《文集》編號 004「The occupation and subsequent admin-istration of Formosa」，pp.19-35。

16　前述兩件名稱雖不同，但記錄的日期卻是一樣，比較其內容大意，基本上是相同，只是差別在有詳簡之不同。這兩者不可能是同一天提出，如果進一步比較兩者，前者有許多修改的痕跡，後者除重複前者內容處外，內容更多達 52 頁。由此推測，前者應該是最初的稿本，提出時間應該是「1942 年 7 月 31 日」。

17　本件資料收藏於台北二二八紀念館藏葛超智資料館藏編號 A-GK-004-0001-006，A-GK-004-0001-005，A-GK-004-0002-040，以及日本琉球大學圖書館藏葛超智資料與沖繩縣公文書館 GHK4A01006 資料中。另外筆者將之編入《葛超智先生文集》編號 009「Political-Economic Problem in Formosa」。但誤採用 A-GK-004-0001-006 之資料，它只有八張。實際上 A-GK-004-0001-005 有十張，A-GK-004-0002-040 有十三張，琉球大學藏的是十二張，而 A-GK-004-0002-040 資料在登錄時誤鍵爲 1948 年。對於在登錄編輯時，未能發現上述錯誤，僅此致最深之歉意。

中國。這也是在開羅會議時，幕僚提供美國總統參考採用之準備資料，但遺憾的是並未被採納。[18]

　　1943 年底，尼米茲將軍計劃進攻台灣，他被邀請自陸軍文職轉任海軍軍職，官拜預備役上尉（Lieutenant，USNR，1944-1945）。[19] 這時他到海軍軍政學校（the U.S. Naval School of Military Government and Administration）工作，在傑賽普教授（Dr. Philip Jessup，1906-1977）[20] 協助下，成立台灣研究小組（Formosa Research Unit），訓練將來占領台灣時的軍政治理人員，以及編寫台灣相關的民政手冊。[21] 這段軍職期間，透過民政手冊（Civilian Handbook）的編寫，讓他更認識日治時代台灣現代化的過程，與日治以前台灣開發時

18　泉水英計教授指出 1943 年 9 月的報告，是開羅會議前為羅斯福總統準備的參考資料。（泉水英計，〈コンタクト・ゾーンとしての占領地沖繩〉，收於《歷史と民俗》29（神奈川大學日本常民文化研究所論集 29），2013.3）。

19　GHK2A06009。

20　Philip Jessup 是哥倫比亞大學法學院（Columbia Law School）國際法教授，1943 年任職聯合國善後救濟總署（the United Nations Relief and Rehabilitation Administration（UNRRA））以及 1944 年聯合國貨幣財政委員會（the United Nations Monetary and Financial Conference）等之會議助理執行長（assistant secretary-general of conference），1945 年為聯合國憲章會議之美國代表，後來為杜魯門總統之無任所大使。見維基百科：http://en.wikipedia.org/wiki/Philip_Jessup。2014.1.5 搜尋。

21　沖繩縣公文書館藏 GHK2A06009、GHK2D05007。

代的歷史背景。[22] 戰時的經歷，奠立了他研究近代台灣歷史之基礎。

戰後，他以海軍附屬武官（Assistant Naval Attaché）身分派往駐重慶大使館；同年 10 月 24 日以海軍代表身分，隨美軍聯絡組（Formosa Liaison Group），派往台灣，見證中國政府的接收與腐敗。1946 年初，國務院在台灣設置代表處以取代美軍代表團，4 月他被徵調轉任副領事，直到二二八事件國民黨軍隊開始殘酷鎮壓後，他被大使館召回報告，於 3 月 17 日離開台灣。這段時期的見證與親身經歷，構成了他寫《被出賣的台灣》一書的基礎。

離開台灣後，葛超智再也沒有機會重新踏上台灣一步。約從 1947 至 1956 年這段期間，他都在大學任教，包括華盛頓大學、柏克萊大學及史丹福大學等，任教科目則是日本史、台灣史與琉球史。在這段期間，他台灣史與琉球史著作的基礎內容逐漸成形。最早寫成的書稿應該是 1948 年下半年名

---

22 戰時他發表了「Formosa: Island Frontier」（收於《The Eastern Survey》No7（1945.4.11）），「Kodama Report: Plan For Conquest」（收於《The Eastern Survey》No14（1945.7.18）），以及「Some Chinese Problems In Taiwan」（收於《The Eastern Survey》No20（1945.10.10））。以上三篇也收錄於前述筆者編，《葛超智先生文集》。「Sovereignty of the Liuchiu Islands」（收於《The Eastern Survey》No14（1945.8））。

史丹福大學胡佛塔。

島國知音

台灣問題專家葛超智其人其事

爲：《反抗的火種：國民黨統治下的台灣，1945-1947（In Preparation: Seeds of Rebellion: Formosa under Kuomintang Rule, 1945-1947）》一書，[23] 推測這應該就是日後《被出賣的台灣》的前身。

該書稿是他提交給太平洋關係研究中心（the Institute of Pacific Relations）有關台灣的報告，當時曾有出版社想出版此報告書。但經很長時間後卻一直沒下文，最後才知道原稿被送到國務院進行內容檢查後，遭到反對出版，理由是他主張在蔣介石敗北逃避台灣之前，美國應介入台灣問題。直到1950年他才拿回原稿，但爲時已晚，因爲麥卡錫主義已開始盛行，使得他沒有機會出版。[24]

---

23 沖繩縣公文書館藏 GHK4C01006。另外還有一篇關於琉球問題「Sovereignty of the Liuchiu Islands」（收於《The Eastern Survey》No14(1945.8)）。

24 沖繩縣公文書館藏 GHK2A06002，原文是 "in 1947-48 I prepared an account of the Formosan affair for the Institute of Pacific Relations which Little, Brown & Co. were proposing to bring out. A prolonged silence followed which I was not able to penetrate until I discovered that the MS had been sent to the State Department and was there, of course, objected to, for I advocated intervention before Chiang K-S should move to Formosa and entrench himself. By 1950 it was too late; McCarthy was rising, and by the time I had retrieved my MS（not without difficulty）it was not possible to get a hearing. I do not want to take the risk of controversy before publication; there will be plenty of that soon

　　1951 年 9 月舊金山和約後，美國正式託管琉球群島，爲了得到更豐富與正確的資訊，以利於美國託管琉球施政之展開，琉球列島美國民政府（United States Civil Administration of the Ryukyu Islands，簡稱 USCAR）委託國立學術委員會太平洋學術局（Pacific Science Board of the National Research Council）進行包括人類學、醫療、糧食等全面性調查。[25] 葛超智在 1952 年加入太平洋學術局，展開琉球歷史與文化的相關調查，開啓了他對琉球群島的研究。不久葛超智撰述了以琉球主體性爲出發的學術著作－《琉球の歷史》，[26] 這也可說是他第一本正式出版的著作。

enough thereafter." 另外，在 GHK2A06002 的資料中，也簡單提到在 1950 年代，蔣介石之友到處充斥叫囂，麥卡錫時代到來，不是可以出版該書的時候。

25 相關詳情可以參考泉水英計之〈米軍統治下の沖繩における學術調查研究〉（神奈川大學國際經營研究所 Project Paper No.16/2008），以及同氏之〈1952 年 SIRI 會議－琉球列島における米國文化戰略の起點〉（收於《國際經營フォーラム》20，神奈川大學國際經營研究所，2009.7）。

26 George H. Kerr 著、佐藤亮一等譯，《琉球の歷史》（沖繩：琉球列島米國民政府，1956）。本書原爲 1953 年葛超智提交太平洋學術局的研究報告，標題爲〈Okinawa: kingdom and Province before 1945〉（沖繩：1945 年之前琉球王國與廢藩置縣的歷史），但這份研究報告本來僅做內部使用，並未對外公開（GHK4C01006）。由於這是以琉球主體性爲出發點的著作，是以美國琉球民政府有意推動沖繩地方的「離日政策」時，認爲可作爲很好的宣傳品；於是在 1956 年將他的研究報告譯成日文出版，並免費在大學等機構發送。

《琉球の歷史》書影。

1956 年因受到麥卡錫主義迫害，逼使他離開史丹福大學，是以之後他專心投入著書。前述《琉球の歷史》出版後，曾被批評忽略了八重山群島等地，是以他首先補充過去此書不足之資料，及修正其他的問題，並重新出版《Okinawa: The History of an Island People》，[27] 1958 年由東京 Charles Tuttle 出版社出版。[28] 至 1987 年第 12 版止，該書曾創下 13,000 本的銷售紀錄。

1957 年後半年，當前述琉球史之書進入出版程序後，他開始專心撰述台灣歷史。[29] 在 1964 年初

27 前述泉水英計，《コンタクト・ゾーンとしての占領地沖繩》，pp.188-190。

28 參見 A. P. Jenkins 著、嶺井優香譯，〈ジョージ・H・カー：目錄作成に関する問題〉《沖繩県公文書館研究紀要》3（2001 年 3 月），頁 119。在 GHK2A06002 中提到，Tuttle 社告訴他說將再版 1,000 本，由此可知，初版應該是只印 1,000 本吧。

29 見 Letters from George H Kerr to Wilma and John, May 3, 1957.（本資料收藏於哈佛大學文獻館（Harvard University Archives），Call No.: HUGFP 12.8，Box No.: 38）。

完成了他《台灣通史》的初稿，[30] 它又可分為兩部
分，第一部名為「Formosa: an Island Frontier」，有
十六章，約三百三十頁，內容包括 19 世紀台灣與日
本及西方國家之關係，以及日治時代的台灣自治運
動（1915 至 1945）；第二部名為「Formosa: an Island
Divided」，有十九章約三百五十頁，內容大抵相當
於日後的《被出賣的台灣》。[31]

　　然而，他很想出版其初稿，但雖努力詢問各出
版商的意願，最後都只得到很客氣與禮貌的婉拒。
直到 1964 年美國對台政策在哈佛大學費正清教授
（John King Fairbank，1907-1991）的影響下，從「擁
蔣」開始走向「棄蔣」，朝承認中共中國的方向發
展時，情況才得到改變。[32] 在 1964 年 8 月 23 日與

30　如後述，他在 1964 年 8 月 23 日與 9 月 9 日分別將他的書稿寄
　　給費正清，以此推論，書稿的完成最晚在 1964 年。

31　見「"K" Memorandum from G. H. Kerr: "Two Manu-
　　scripts Concerning Formosas"」（本資料收藏於哈佛大學文獻
　　館（Harvard University Archives），Call No.: HUGFP 12.8，
　　Box No.: 66）。另外在沖繩縣公文書館之 GHK2A060002 資料
　　中，亦提到相關內容。

32　戰後美中外交關係的問題，可以追溯到大戰時期美國駐中大使赫
　　爾利。當時赫爾利主張積極援助國民黨，接觸共產黨但不援助。
　　但駐中國大使館內人員卻多數批判蔣介石政府，主張援助共產黨，
　　反對他的看法。赫爾利憤而認為這些人是「赤色份子」，對國家
　　不忠誠，而在 1945 年 4 月將他們全部更迭。同年十一月，赫爾
　　利辭去大使職之後，持續批判這些外交官的「忠誠問題」，因而
　　產生國會調查，不過調查結果卻則是沒有任何「不忠誠問題」。

9月9日，他分別將第一部分與第二部分寄給費正清，請求推薦給出版社。[33] 同年 10 月 22 日，費正清寫信給 Houghton Mifflin 出版社主編 Paul Brooks 正式推薦其中的第二部分。

第二部分的內容，應該是以 1948 年「Seeds of Rebellion: Formosa under Kuomintang Rule, 1945-1947」的原稿爲底，在 1958 年後逐漸擴增內容，1964 年時最初名爲「Formosa: An Island Divided」，但在寄給費正清的原稿與「備忘錄」時又改名爲「The Two Formosas」，[34] 但在 1964 年 9 月 9 日請費正清推薦時又想改書名爲《The Formosa Affair: Unfinished Business on the Pacific

---

這件事開啟了 1946 年以後，在野共和黨批判美國政府中國政策之口實，以及也成爲日後麥卡錫主義迫害的原型。日後中美關係以及美台關係，往往被扭曲成以支持蔣介石與否爲標準，來衡量是否對抗「赤禍」之意識形態。一直到 1970 年代美國積極發展與中華人民共和國建交爲止，此一爭論才告一段落。（參考山極晃《米中関係の歷史的展開—1941 年～1979 年》（研文出版社，東京，1997）。

33 見「the letters from Kerr to Fairbank, 22 August 1964 & 9 September 1964」（本資料收藏於哈佛大學文獻館（Harvard University Archives），Call No.: HUGFP 12.8，Box No.: 70，73）。

34 見前述哈佛大學文獻館藏「"K" Memorandum from G. H. Kerr: "Two Manuscripts Concerning Formosas"」。

Frontier》，[35] 在同年 12 月他又考慮改為《Formosa Tragedy》，在最後出版前，出版社才定名為《Formosa Betrayed》。

費正清之所以推薦《被出賣的台灣》一書，主要是想利用此書羞辱台灣的蔣介石國民黨政權，以凸顯其主張「台灣是一個中國的內政問題」之正當性，[36] 於是向 Houghton Mifflin 出版社推薦，[37] 但這本書卻又拖到 1966 年 1 月才上市。[38] 但在 1964 年出版推薦中，費正清卻刻意省略了第一部分的原稿。[39] 如後述，因為這部分內容主張台灣人「分離主義」的傳統，已與中國大大不同，對費正清而言不僅沒

35　見前述哈佛大學文獻館藏「the letters from Kerr to Fairbank, 9 September 1964」。

36　沖繩縣公文書館藏 GHK2A060002 標題「Houghton Mifflin Company & Formosa Betrayed」。

37　「the letters from Fairbank to Paul Brooks, 1964.10.22」（本資料收藏於哈佛大學文獻館（Harvard University Archives），Call No.: HUGFP 12.8，Box No.: 73）。

38　本書原計畫在 1965 年出版，但卻延至 1966 才出版。葛超智推論，這可能與當時聯合國討論北京入會案有關，為免北京取得代表權，是以有政治力介入，希望在聯合國大會結束後，才出版本書。（見葛超智「致辜寬敏書」、「致道格拉斯曼德（Dr. Douglas Mendel Jr.）書」，參見蘇瑤崇主編，《葛超智先生相關書信集（下）》（Correspondence by and about George H. Kerr II）》（台北二二八紀念館，台北，2000），頁 653-656。）不過在出版頁中都記載為 1965 年。

39　見前述哈佛大學文獻館藏「the letters from Fairbank to Paul Brooks, 1964.10.22」。

利用價值，更與他主張台灣是中國一部分的看法大相逕庭，這應該是不被推薦最主要的理由。[40]《被出賣的台灣》一書可說是他著作中最重要也是影響最大的一本書。

然而由於未得到費正清推薦，他撰寫的台灣開發時代與日治時代這兩部分的歷史，只好另覓他途尋求出版的可能。這兩部分後來成書，一是《國境之島：台灣歷史與分離主義者的傳統》，另外則是《台灣：認可的革命與自治運動，1895-1945》。[41]但一直到 1974 年，《台灣：認可的革命與自治運動》這本書因獲得基金會貸款協助，才由夏威夷大學出版。但是《國境之島：台灣歷史與分離主義者的傳統》一書，他雖積極尋找出版社，[42]但最後還是沒有出版社願意出版此書，本書稿本目前收藏在

40　沖繩縣公文書館藏 GHK2A060002。1964 年 12 月 2 日給 Houghton Mifflin 出版社主編 Paul Brooks 的信中提到：「在請費正清推薦之手稿其實有兩部，第一部是內容包括 19 世紀台灣與日本及西方國家之關係，以及日治時代的台灣自治運動（1915-1945），第二部則是《被出賣的台灣》原稿」。雖然葛超智希望出版，但因爲沒有費正清的推薦，Houghton Mifflin 自無反應。

41　原第一部分分十六章，第一至第七章相當於《國境之島》一書，第八至第十六章相當於《台灣：認可的革命與自治運動》。日後他應該有再增加補述其中，而分別形成這兩部書。見「The letters from Kerr to Brooks, 1964.12.2」（GHK2A06002）。

42　沖繩縣公文書館藏 GHK2E06008 資料，是史丹福大學出版社評審退件的理由書，其中提到該書與費正清教授見解相左，這是不同意出版的理由之一。

台北市二二八紀念館以及沖繩縣公文書館中。[43]

　　他最後出版的書是 1986 年《面對危機的台灣》。[44] 該書原本是台灣人公共事務會（Formosan Association for Public Affairs，簡稱 FAPA）想購買《被出賣的台灣》英文版權重新出版，但條件是希望葛超智再補充該書內容，並撰述 1950 年以後至 1970 年代之間台灣歷史發展，附在新版書中。但他認為這將使新書過於龐大，造成讀者負擔，無法購買；同時他年紀已大，無法進行重新著述的工作，是以希望只集中撰述 1950 年後的歷史發展。該事歷經一年多的進行與爭執，最後 FAPA 讓步，同意只要新撰寫 1950 年以後的部分，這即《面對危機的台灣》一書的由來。[45]

　　事實上，僅 1950 年以後的內容是新撰述外，1950 年之前的內容可說是前述他台灣通史三部曲內容之節要。這本書可說是他整體台灣史著作之摘要

43　台北二二八紀念館所收藏分為三冊，分別是編號 A-GK-004-0003-026、A-GK-004-0003-027、A-GK-004-0003-028。其內容分兩大部分一是有關台灣開發時期的歷史，一是 1895 至 1945 之歷史，這是 1960 年代晚期的稿本。另外，沖繩縣公文書館所收藏的是他在 1970 年代又加以修正之最後的版本。

44　George H. Kerr 著、吳昱輝譯，《面對危機的台灣》（台北：前衛出版社，2007）。

45　見沖繩縣公文書館藏 GHK2F01001-01007 之資料。由於 FAPA 相關信件不公開，目前僅能從葛超智的信件副本中得知。

本，也是他最後一本正式出版的書。他以「分離主義」傳統作爲論述的核心，指出在三部曲的各時代中所形成的「分離主義」傳統，其背景、內容與特質。然後在冷戰時代台灣的現狀以及所面臨一波又一波國際危機，台灣的獨立性與脫離中國的發展。

本書隨即成爲當時海外黑名單台裔美國人及其第二代認識台灣的基本教材，1987 年美國 WMDIT 「穩得」（陳翠玉(1817-1988)領導創立）[46] 再版，並號召美國的「台灣運動」志工親送美國參眾議員辦公室（共 533 份），寄贈各國駐聯合國代表（共 165 份），寄美國暨世界各大學亞洲研究所圖書館收藏（共 18 國 165 研究所）。1988 年最初的中譯版，由高雄「新台政論」出版，但旋即被查禁，[47] 直到 2007 年前衛出版社才又重譯出版。

雖然在 1947 年至 1950 年中，他提出台灣託管論以解決二二八事件後的政治紛亂。[48] 然而到了

---

46 全名爲「婦女台灣民主運動（Women's Movement for Democracy in Taiwan，簡稱 WMDIT）」。

47 George H. Kerr 著、吳昱輝譯，《面對危機的台灣》，封面文字。

48 見筆者，〈葛超智先生（George H. Kerr）託管台灣論之思想與影響〉（收於嘉義大學之《歷史、地理與變遷學術研討會論文集》，2004），pp.533-573; 以及〈葛超智（George H. Kerr）、託管論與二二八事件之關係〉（收於《國史館學術集刊》4，2004），pp.135-188。

1960 年代至 1980 年代著書出版的時代，他的思想與主張已由「託管（trusteeship）」轉變成「住民自決（plebiscite）」。兩者間最大差別在於託管必須藉由聯合國或美國的託管過程，台灣人才能決定其未來。然而，1960 年以後台灣海峽兩岸的發展，已各自形成「一邊一國」的發展，這時已無需「託管」，台灣人民只需要「住民自決（plebiscite）」，就可以自行決定其未來。

他晚年也曾企圖研究夏威夷王國史，[49] 可以看到他收集了很多相關資料，而對卡拉卡瓦（Kalakaua，1836-1891）國王的研究，也接近完稿階段，[50] 最後終因年邁而未及完成與出版，這些資料與原稿保存在沖繩縣公文書館中。對他而言，研究台灣、琉球與夏威夷的歷史，三者有其共同之處，亦即它們應該，或者說本來是獨立的海洋國家，但在近代帝國主義的發展擴張下，卻無法避免遭大國殖民的宿命，各自成為大陸國家之邊境。[51] 從海洋史觀的角度來看，這三個地方都有其獨立的文化特

49　夏威夷諸島在 1810 年統一成獨立的王國，但在 1898 年被美國強行併入為其領土。

50　參見 A. P. Jenkins 著、嶺井優香譯，〈ジョージ・H・カー：目錄作成に関する問題〉，頁 120。

51　參見沖繩縣公文書館藏 GHK4A01070 葛超智撰述之〈沖繩旅行回想記〉。

性，也應尊重其獨立之地位。

　　葛超智終身未婚，七十歲後患心臟病，1987 年在心臟加裝機器以助心跳，後有輕微中風，移住夏威夷的老人療養院。1991 年夏天在病床上，接受行政院研究二二八事件工作小組訪問，這是他生前與台灣最後的接觸。1992 年 8 月病逝於檀香山。[52] 遺願將大體捐給醫院，遺產捐慈善團體，並將日後所有版稅捐給琉球大學作爲獎學金，資料則捐給沖繩縣公文書館收藏。[53] 1999 年 2 月 28 日，台北市二二八紀念館首度公開展示他有關台灣的資料，國人得以重新認識他。

三、葛超智的海洋史觀

　　葛超智的前述四部著作中，最爲國人所熟知與影響最大的是《被出賣的台灣》。然而，這四部書有其前後連貫的論述與倫理的邏輯，構成他一個完整的台灣通史體系以及他的「海洋史觀」。其海洋史觀中的「論述與邏輯」，可以用「Formosa（福

52　蕭成美、川平朝清，〈カール先生について〉（收於 George H. Kerr 原著，蕭成美訳、川平朝清監修《裏切られた台湾》；同時代社、2006 年），頁 19。

53　參見沖繩縣公文書館藏 GHK5B01002、GHK5B01004-01005、GHK5B01009 等遺囑資料。

29

爾摩沙）」、「國境之島（Frontier Island）」、「分離主義者傳統（Separatist Tradition）」、「現代化台灣（Formosa modernized）」、「被出賣的台灣（Formosa betrayed）」、「台灣獨立（Independent Formosa）」這幾個關鍵字來表現，同時也正反映出這四部書的內容要點，底下則從這些關鍵字與書內容之關係，說明其海洋史觀。

首先第一個關鍵字是他區別「Formosa（福爾摩沙）」與「Taiwan（台灣）」之不同，來表現其海洋史觀。他認為「台灣」一詞是大陸的觀點，而「福爾摩沙」則是海洋的觀點，[54] 也就是「台灣」是大陸人對此島嶼的稱呼，而「福爾摩沙」是航海民族的稱呼，是以他刻意選擇「福爾摩沙」做為區別。雖然在 1952 年以後，美國官方即以「Taiwan」替代「Formosa」之使用，但在前述各書的書名中可以看出，他很堅持以「Formosa（福爾摩沙）」稱呼台灣，以凸顯其「海洋史觀」。

第二個關鍵字是「邊境（Frontier）」，他的台灣史發展論可說即是「邊境（Frontier）發展論」。泉水英計教授指出，葛超智的「邊境發展論」是受到美國歷史發展解釋之影響所成。最早的「邊境

島國知音
台灣問題專家葛超智其人其事

54 見「The letters from Kerr to Brooks, 1964.12.2」（沖繩縣公文書館藏 GHK2A06002）。

（Frontier）發展論」是在 1893 年由 Frederick Jackson Turner（1861-1932）[55] 提出，以解釋美國歷史之發展。他認爲北美荒野的開拓，並非單純的歐洲文化的移植與擴張，而也是美國特質的形成過程，以來一直影響美國學者解釋美國史的特質。「邊境」同時也是「文明與野蠻」接觸邊界之意，大意是來自歐洲移民者，當初爲了逃避母國之難而移民到美國，他們開創了適應新天地生活的全新文化，成立了與母國不同性質的文化社會，而其中最具代表性的即是個人主義與民主主義。這種文化與歐洲普遍的專制政權相比，具有強而有力的倫理價值。此一學說影響了葛超智的台灣史解釋。在他「國境之島」的意義，是認爲台灣歷史如同美國歷史般的發展，早期大陸移民台灣，是社會底層一群沒有官位財富的人，爲逃避中國政府的苛政而移民避難台灣。而爲抵抗政府苛政的結果，形成了「三年小亂，五年大亂」不服從的民間傳統。[56] 來自大陸移民爲適應台灣特殊環境而形成台灣獨自的文化，這也是一種自

55　有關 Frederick Jackson Turner 事蹟與學說，可參考維基百科：http://en.wikipedia.org/wiki/Frederick_Jackson_Turner。2014.1.8 查閱。

56　泉水英計，〈極東の「フロンティア」－米国人歴史家が語る冷戦期の琉球と台湾〉（《歴史民俗》26（神奈川大學日本常民文化研究所論集 26），2010），pp.37-39。

我歷史意識的形成過程。

然而他的「邊境概念」不單只是這種自我歷史意識的形成，更包含另一種世界史的意義。葛超智認爲台灣位在太平洋島環上，是大陸國家利益與海洋國家利益的重疊點與衝突點。這從大航海時代到近代帝國主義的殖民時代，乃至於戰後到現代，台灣都是東西方文明或東西方國家利益的重疊點與衝突點。他把這種想法畫成兩個圓交會，而台灣正在此交會點中的圖，放在《被出賣的台灣》導論章中。

是以，當美國國務院從美國國益與盟國國益而視台灣問題爲大陸問題時，他認爲這不只不正確，也不是最好的選擇，從歷史發展或「國益」角度來看，美國應該視台灣爲海洋問題才是正確的認識。[57] 這點特別反映在他強烈反對費正清視台灣是中國的一部分、台灣問題爲中國內政問題上。他認爲這是費正清在誤導美國人對台灣歷史的認識。也正因如此，他《國境之島：台灣歷史與分離主義者的傳統》一書的出版一直不順利，[58] 最終仍未能出版。

---

57 沖繩縣公文書館藏 GHK2A06002。

58 如前述，本書雖在 1960 年代前半完成，但日後出版之工作一直未能如意。之後他又不斷地修改，並向史丹福大學出版社提出出版申請，但在評審退件的理由書中提到，該書與費正清教授「大中國理論」之見解相左，而得不到同意出版之理由（見沖繩縣公

台灣問題專家葛超智其人其事

這本書即是在「台灣自我的歷史意識」，及「世界史的定位」兩種思維下展開。本書從台灣歷史的發現與十六世紀末早期的大陸移民談起，同時也特設一章談同時代日本、西班牙、荷蘭及英國與台灣之關係。然後談清代的台灣統治，以及同時代國際間對台灣問題的看法與清政府的對應。然後是日本對台關心與野心的日增，最後清政府的對應與失去台灣。書中描述的「台灣人」與台灣文化，不只是漢人與漢人文化而已，也包含了原住民與原住民文化。

另外，本書除了前述「分離主義者的反抗傳統」之台灣史論述外，更重要的是從世界史的角度，探討包括日、美、英、法、荷、西、俄等近代西方海權國家與大陸國家，在台灣的接觸以及與中國的衝突。這點可說是過去台灣史研究較不重視之處。

其次，第三個關鍵字是「現代化台灣」，用以形容說明日本統治時代台灣的變化。主要內容寫在《台灣：認可的革命與自治運動 1895-1945》一書

文書館藏 GHK2E06008 資料）。目前關於該書的稿本在台北二二八紀念館與沖繩縣公文書館各有收藏，台北二二八紀念館的是 1970 年以前的底稿，沖繩縣公文書館的是 1970 年以後再修正的文稿。

中。他從日本領有台灣談起，論後藤新平的治台政策與兒玉報告，以鋪述台灣在日本帝國之地位，之後開始論述台灣的現代化，包括工業、農業、公共服務與設施、公共衛生與醫療、教育、新聞與廣播資訊、原住民政策等等各層面之發展與進步。他強調這些方面的發展是「現代化」而非「日本化」，然後在本書的後半段進一步進入主題「台灣人的自治運動」。

他指出在日本人統治下，經過五十年密集的社會及經濟發展，台灣已變得十分富饒，生活水準也高過中國任一省分。台灣的知識菁英都十分嚮往西方世界，威爾遜總統民族自決的主張，提供了台灣傳統分離主義者一個具體的方向，而開始了自治運動。他詳述林獻堂與自治運動之關係，以及各派系間看法與主張的不同。透過這個運動，不斷向東京當局施壓，在日本帝國體制下要求地方自治政府。雖然痛苦且緩慢，但他們頗有進展，但日本卻已逐漸走向戰敗之路了。在最後又論述中日戰爭前，不願與日本當局妥協的人離開台灣遠走中國，以及二次大戰期間台灣人所扮演的角色。此外他也不忘世界史的角度，在本書中的適當章節中，論述當時代美國等外國與台灣之關係。

在本書中，他透過「現代化」、「自治運動」等

島國知音
台灣問題專家葛超智其人其事

論述，凸顯日治時代台灣歷史之特色，並接續前書「台灣人幾世紀來已形成與中國分離及開拓精神的獨立傳統」之論點。並強調歷經日本 50 年殖民近代化與工業化的改變，台灣已與中國大陸有很大的不同；1945 年後，實不適合突然將台灣回歸中國，並做為《被出賣的台灣》一書論述之背景。

第四個關鍵字「被出賣」，無疑的是《被出賣的台灣》一書的焦點，而本書內容也最為國內讀者所熟悉，同時其影響也是最為深遠。[59] 篇幅之故，在此略過該書的一些問題，[60] 只說明他的歷史思維。

首先就台灣史本身而論，他認為戰後的「台灣人（Formosan）」已與「中國人（Chinese）」有很大不同，正如美國人已非歐洲人一樣。這個島嶼已與內戰混亂的中國大陸隔離半世紀之久。在此，沒有

---

[59] 本書影響深遠，很多台灣人因為閱讀此書之後而開啟了台灣意識。常在各種文章中看到其影響，隨舉一例，著名台大附近之「台灣 e 店」負責人吳成三曾提到，他在留美期間即有留學生告訴他，看了本書之後才了解到國民黨統治下的台灣，是多麼地違背世界主流價值，以及應該重新思考台灣的定位。（見 Taipeitimes：http://www.taipeitimes.com/News/taiwan/archives/ 2014/ 01/06/2003580650 /1。2013.1.9 查閱。）

[60] 台灣教授協會重譯出版《被出賣的台灣》，重譯本的特色在於附加了譯校註，這是由五位學者共同執筆，從譯校註中多少也可以看出該書事實論述上的一些問題，是以本文在此姑且略而不論。

地方軍閥，也沒有共產黨組織。經過日本多年深化的反共教育，台灣人普遍不信任共產黨的承諾和意識形態，這種傾向相當根深柢固。由於沒有「飢餓的大眾」，共產主義者也就沒有訴求的對象。台灣人的文化水準也是遠遠高於同時代中國任一大都市市民的水準。不過戰後卻受到少數來自中國文化落後的國民黨政府統治，而形成少數中國人統治族群與多數被統治台灣人族群的對立。是以如前述，最初他用「台灣：一個分裂的島嶼（Formosa: An Island Divided）」做為標題，後來改為「兩個台灣（The Two Formosa）」，就是要來說明這種族群對立的現象。[61]

這種現象的具體事實就是書中所描述國民黨政府的貪汙、腐敗與無能，結果造成二二八事件的爆發，以及接下來的殘酷鎮壓。這點曾使他一度考慮將書名定為「台灣悲劇（Formosa Tragedy）」。[62]

其次在世界史的角度中，接續前述日治時代的台灣現代化發展，他認為這是台灣非常重要的資產，如果戰後盟國能好好地重建復興台灣，不只對台灣有益，對全中國，乃至於對亞洲的戰後復興都

---

61 見前述哈佛大學文獻館藏「"K" Memorandum from G.H. Kerr: "Two Manuscripts Concerning Formosas"」。

62 見「the letters from Kerr to Fairbank, 1964.11.24」（本資料收藏於哈佛大學文獻館 Harvard University Archives），Call No.: HUGFP 12.8，Box No.: 73）。

會有幫助。但事實上，卻因為國民黨政府私慾背德的統治，導致二二八事件的發生。這不只是國民黨台灣統治的失敗，更是整個中國統治失敗的主因。

　　他認為美國政府的無知以及無視台灣這些歷史發展的事實，視台灣為大陸問題，也完全無視台灣人的權益與福祉，在大戰中以分配戰利品方式將台灣交給中國；而對於國民黨的貪汙腐敗與無能的統治卻視而不顧，對於殘酷的鎮壓卻不願意對台灣人伸出援手，之後又支持內戰敗退逃到台灣的蔣介石國民黨政府，他認為這就是形成當今西太平洋地區不安定最主要的原因所在。是以他在 1964 年請求費正清推薦出版時，為了反映當時「兩個中國」的爭議，而將書名改為「台灣情勢：西太平洋邊境未解決的問題（The Formosa Affair: Unfinished Business on the Pacific Frontier）」。[63]

　　但現實歷史過程中，大國在利益的考量下，一再犧牲與出賣台灣人的權益與福祉。二次大戰中被美國出賣給蔣介石政府，在戰後台灣被國民黨賤賣與踐踏，當二二八事件台灣人向美國求援時又遭

63　見前述哈佛大學文獻館藏「the letters from Kerr to Fairbank, 9 September 1964」。在前述哈佛大學文獻館藏「the letters from Fairbank to Paul Brooks, October 22,1964」中可以得知，當費正清推薦給 Houghton Mifflin 出版社時，當時書名即是「The Formosa Affair: Unfinished Business」。

棄之不顧，而 1950 年以後美國又支持不義的蔣介石政府，他認爲這些都是不斷的出賣過程，可說是現代台灣歷史的悲劇及必須遭遇的危機。雖然「被出賣的台灣」是出版商建議的書名，但符合他的想法，是以最後出版時書名也就定爲《被出賣的台灣（Formosa Betrayed）》。

最後的關鍵字則是「台灣獨立」。這點強烈顯現在《被出賣的台灣》一書中。本書在 1965 年出版時，也有其美國國內政治之背景。從二次大戰以來，美國國內的美中關係，在赫爾利事件與中國遊說團的影響下，中美關係以及美台關係，往往被扭曲成以支持蔣介石與否爲標準，來衡量是否對抗「赤禍」之意識形態。而「中美關係」歷經了 1948 年對蔣介石政權經濟援助的大辯論、1949 年中國赤化的挫折，到了 1950 年代美國國內更發展成大規模的麥卡錫主義迫害，作者也是受害者之一。直到 1960 年代以後，承認赤色中國一派的主張逐漸占上風。[64] 美國在費正清學說的影響下，開始認爲台灣是中國的一部分，台灣問題是中國內政問題，於是乎產生兩個中國之爭議。但在此背景下，卻有台灣非中國、非屬國民黨也不屬於共產黨的第三種聲音

[64] 山極晃，《米中関係の歴史的展開－1941 年～1979 年》（東京：研文出版社，1997）。

出現，即美國不應該支持蔣介石國民黨政權，而是支持台灣人建立自己的政府與國家，這才是真正符合美國國益最正確的選擇。《被出賣的台灣》可說是這第三種聲音之代表。

葛超智透過台灣歷史著作，特別是《被出賣的台灣》一書，反對兩個中國的主張，支持台灣獨立。他認為無論兩個或一個中國，都是大陸史觀，從海洋史觀的觀點，無論歷史時代至戰後，台灣都已形成與中國不同趨勢的發展，甚至於在蔣介石政權下，台灣都有一定程度的自由經濟與民主制度，這也與中國大大不同。是以他經常投稿報社，批評大陸史觀，而主張應該給與台灣人更多的支持，幫助台灣人實現住民自決（Plebiscite），以擺脫國民黨以及共產黨的統治。[65]

他把這些觀點，寫在 1950 年以後發生的事，這即《面對危機的台灣》一書後半的內容。[66] 該書第三部後半主要是探討冷戰時代台灣的現狀和面臨一波又一波的國際危機，特別在國際普遍承認共產中國下。他認為如果再被共產黨中國統治，將再

---

65 見「the letters from Kerr to Fairbank, 1957.5.3」（本資料收藏於哈佛大學文獻館 Harvard University Archives），Call No.: HUGFP 12.8，Box No.: 38）。

66 見沖繩縣公文書館藏 GHK2F01001-01007 之資料。由於 FAPA 相關信件不公開，目前僅能從葛超智的信件副本中得知。

另一場大悲劇，會摧毀好不容易建立起來的繁榮，主張台灣應脫離中國及列強諸國的羈絆控制，成為一個獨立的國家，而美國應該支持台灣人建立自己的國家政府，這才是真正符合美國的國益。而這種台灣為台灣人的台灣之「獨立史觀」，可說是他歷史論述與史觀的結論。

歸結而言，相對於大陸史觀認為台灣是中國的一部分，葛超智海洋史觀的前提則是視台灣為一個獨立的個體，他的著作即是在闡述這個獨立個體的形成、發展以及未來應該走的方向。「邊境」理論是著作的理論核心，「分離主義者傳統」則是貫穿歷史的精神，「被出賣」則是過去的歷史宿命與未來必須面對的危機，然而台灣政治與社會的現代化，則是必須珍惜與保護的資產，自由與民主即是最大的價值，就理論或倫理上的發展，台灣獨立才是最後最善的終極結果。

四、葛超智的歷史筆法

前述著作中，無疑地《被出賣的台灣》是影響最為深遠的一本書。它不僅是第一本詳細與完整的描述台灣戰後史與二二八事件之歷史書籍，如前述同時也是許多人台灣意識的啟蒙書。何以讀者會被他

的書打動而受到啓發呢，這與他的歷史筆法很有關連，就此再加以補充說明。他的筆法可以用「觀念論（idealism）」與「敘述式（narrative）」兩者說明。

史學上「觀念論」是一種偏向人心、人性，重視精神價值與道德對歷史的影響。與之相對的是「實證論」，這是重視外在客觀條件對歷史之影響，強調一切必須有所根據。在歷史著作表述上，其實都包含有這兩類「偏向」，只是或多或少的不同而已。

一般學院著作偏好「實證論」，重視探討外在客觀條件。但作者顯然是強烈的「觀念論」傾向，本書主要在論述：台灣戰後的問題與悲劇，實出自人性之「惡」與墮落。如本書各章節中提到的國民黨官員上上下下醜陋的敗德行爲，才是造成台灣悲劇的主因。第十四章中再舉 3 月 10 日蔣介石南京談話，作者指出那不是給台灣人聽，蔣才不管台灣人怎麼想，而是要爲自己留下歷史記錄，直指蔣的虛僞。藉此告訴讀者，歷史如果無法戳破當權者之狡詐虛僞，那麼人民永遠遭到蒙騙，歷史的悲劇將永無終止，反映出作者強烈的觀念論。外在結構因素或內在人性因素對歷史影響最大，究竟孰爲輕重，這可說見仁見智，因人而異。

其次，學院著作一般都以「分析式」

（analytical）為主流，通常以大量資料（data），分析說明與論證事件成因，然後總結歸納出外在結構因素。但敘述式（narrative）則如說故事般，透過故事構成歷史。敘述式注重歷史的細節與情境，讓歷史重現，由讀者去「感受」歷史，而非理解歷史。古典傳統史學著作如《史記》等，即是此類，而該書筆法無疑即是這種敘述式。

該書以作者經歷為中心而展開敘述，由一個個情節連結發展成故事，然後再由故事引發下一個故事，環環相扣互相影響，最後構成整部台灣戰後史。敘述式的特徵就是「生動」，再加上前述觀念論重視人性對歷史的影響，很容易使讀者「感受」到歷史，並產生感情移入（sympathy）作用。這是為什麼在閱讀本書時讀者的歷史情感容易受到激揚之故。

然而前述的筆法，往往讓人以為作者親身經歷這些歷史事情。是以過去學者會視本書為「史料」而引用，但這並不正確。或者又如卜睿哲（Richard C. Bush）先生所批評「本書根據葛超智記憶與個人偏好的資料（Formosa Betrayed was based upon Kerr's memory and an "idiosyncratic collection of materials"）」。[67] 但此一

67 Bush, Richard C. [Panel presentation on the role of George Kerr in 228.] Taiwan's 228 Incident: The Political Implica-

批評也並不公允。

　　事實上本書雖與作者經歷有關，但它更是彙集眾多台灣人、日本人及其他外國人等等見證所成，不全是作者的經歷，只是作者扮演中間角色，串連起他們的見證，在適當情境中替他們代言而成。本書是認識台灣戰後史發展的著作，但並非史料的書籍。要進一步探討其中歷史，應該更深入原書所根據之史料才是。

　　學院著作的特徵是詳列引用史料之出處，作為實證的基礎。與此相較，本書註釋顯然偏少，並不滿足現代學術的規範，但這並不代表本書缺乏實證基礎。本書所根據作者過去的工作報告，外國人記錄以及台灣友人書信等等資料所構成，這些原始資料都可在美國檔案管理局（NARA）、台北二二八紀念館、日本琉球大學、沖繩縣公文書館與美國史丹福大學胡佛文獻中心等館藏資料中找到。部分資料甚至已由台北二二八紀念館出版，如《葛超智先生相關書信集》、《葛超智先生文集》、《聯合國善後救濟總署在台活動資料集》。這些資料內容往往是當局所欲抹煞與掩蓋的事實，是以常與中文記載南轅北轍，這才是構成本書歷史事實主要的部分。它

tions of February 28, 1947. Brookings Institution, Washington, DC, 22 Feb. 2007. Web. 5 Aug. 2014.

是有充分實證的基礎，並非卜氏所謂「記憶與偏好資料」所構成。

　　但是如果我們找出原書的出處，也可以發現本書有三類的問題。第一類是作者為保護原始資料提供者，在引用時會修飾或刻意隱去人名，這是為保護當事人不受政治騷擾而做的安排。如第四章提到在台北郊區接受某廟宇招待時，他聽到 1945 年 10 月發生刻意謀殺日本人及計畫發動屠殺日本平民之陰謀，但實際上這是鈴木源吾提供給他的訊息，非親身經歷。

　　第二類是歷史事實精確度不足的問題。書中提到之事，大多無誤，但少部分卻有出入，這應該是他資訊來源的問題。如第九章中誤以為省參議員王添灯是律師。第十一章中說台南市參議員蔡丁贊醫師遇害，但實際上他是遭羈押七個月。

　　第三類是作者自身記憶的錯誤，如第四章美軍顧問團（Advisory Group）改名為美軍聯絡組一事（Formosa Liaison Group），但實際上戰後的原始資料中，都只有 Formosa Liaison Group，卻從未有過 Advisory Group 之名，可知應無改名一事。第十九章提到 1949 年 12 月國務院找作者列出「可配合美國利益」的地方領袖一事，但實際上此事發生在 1948 年。

島國知音
台灣問題專家葛超智其人其事

從學術角度而言，無可諱言這些都是本書的瑕疵，但整體而言仍是「瑕不掩瑜」，因為作者提到的事實，都可以從前述各地所藏資料中找到實證。

五、結論

在結束本文前再引用周樑楷教授之說，「治史的意義，在於歷史意識、社會意識和生命意識不斷錘鍊和昇揚」，[68] 作為結論。歷史是幫助我們提升自我的思想，歷史是一種自我認同，歷史也是我們如何從檢討過去，看待現在以及思考未來的一種學問。而歷史意識則是表述這些歷史最核心的思維方式與價值觀，反過來說，歷史著作即是歷史價值觀的呈現方式。這種觀點用於看待台灣史研究上更具意義。

台灣史的研究永遠不缺題目與範圍，但最缺的則是「見識」，以及縱觀歷史發展的能力。重點不在於該研究什麼，而是該如何思考歷史。我們所欠缺的是縱觀的歷史，思維反省發展的歷史。所缺乏的是諸如「台灣制度發展史」、「台灣經濟發展史」、「台灣文化發展史」、「台灣思想史」、「台

68　見前引用之周樑楷，〈歷史意識是種思維的方法〉，p.126。

灣精神史」、「台灣民族發展史」等等這類縱觀性、反思性歷史著作。當缺乏歷史意識時，實有愧於古人「究天人之際」，「秉春秋之筆」之氣概。

葛超智的「海洋史觀」中，「海洋」是一種價值觀的形容詞。這種價值觀根源於先民海洋「邊境開拓」的精神，他要肯定的是在這過程中發展出來的「自我」、「自由」與「進步」的文化價值，可說是一種「進步史觀」，而「台灣獨立」則是這些文化價值不斷提升倫理性發展的終極結果。這一點基本上是符合台灣戰後民主化、自由化、重視人權之歷史發展的軌跡。

相對的，「大陸史觀」則是另一種價值觀的形容詞，代表一種退化，放棄自我，要促使台灣回到過去傳統中國歷史的模式，而與中國連結在一起的思維方式，一切以此為價值標準的衡量方式。這種價值觀只是在宣揚封建文化的傳統，而忽略了現代國民國家的發展趨勢，以及刻意忽視現代民主、自由與人權之普世價值。這可說是一種「退步史觀」，是造成現在台灣整體失去活力、失去創新、失去勇氣、失去是非價值、失去方向，甚至退步退轉，乃至於沉淪的主要原因。

我們希望未來如何，則關鍵在於如何看待現在與過去。歷史的研究重點在於自我與全體的向上提

升。無論我們用什麼形容詞來表達我們的史觀，應該基於自我與整體的提升，以及為民主、自由與人權的普世價值。而如果無法認同於「台灣獨立」，或無法以「台灣獨立」為前提之歷史思考，那麼追求進步發展之主體，將不存在。台灣不只無法保持現在的成果，更將退轉至沒有普世價值之時代，同時也將斷送與扼殺了大陸中國人追求進步的普世價值之希望與方向。

徵引書目

- 台北市二二八紀念館藏葛超智資料

- 沖繩縣公文書館藏葛超智資料

- 哈佛大學文獻館（Harvard University Archives）藏葛超智資料

- George H. Kerr著
  《Formosa Betrayed》，Eyre & Spottiswoode，London，1966。
  「Formosa: Island Frontier」，《The Eastern Survey》No7(1945.4.11)。
  「Kodama Report: Plan For Conquest」，《The Eastern Survey》No14(1945.7.18)。
  「Some Chinese Problems In Taiwan」，《The Eastern Survey》No20(1945.10.10)。
  「Sovereignty of the Liuchiu Islands」，《The Eastern Survey》No14(1945.8)。
  佐藤亮一等譯，《琉球の歷史》，沖繩：琉球列島米國民政府，1956。

- 蕭成美譯、川平朝清監修，《裏切られた台湾》，東京：同時代社、2006。

- 吳昱輝譯，《面對危機的台灣》，台北：前衛出版社，2007。

- 蘇瑤崇主編
  《葛超智先生文集（Collected Papers by George H. Kerr）》，台北：台北二二八紀念館，2000。

《葛超智先生相關書信集（下）（Correspondence by and about George H. Kerr Ⅱ）》，台北：台北二二八紀念館，2000。

- 周樑楷
  〈歷史意識是種思維的方法〉，收於《歷史與現實》2，2006。

- 陳國棟
  〈台灣史與東亞海洋史〉，收於《東亞海洋史與台灣島史座談會記錄》，台北：財團法人曹永和基金會，1999。

- 泉水英計
  〈コンタクト・ゾーンとしての占領地沖縄〉，收於《歷史と民俗》29，神奈川大學日本常民文化研究所論集29，2013.3。
  〈米軍統治下の沖縄における學術調查研究，神奈川大學國際經營研究所Project Paper No.16/2008。
  〈1952年SIRI會議─琉球列島における米國文化戰略の起點〉，收於《國際經營フォーラム》20，神奈川大學國際經營研究所，2009.7。
  〈極東の「フロンティア」─米国人歷史家が語る冷戰期の琉球と台灣〉，《歷史民俗》26，神奈川大學日本常民文化研究所論集26，2010。

- A. P. Jenkins著、嶺井優香譯
  〈ジョージ・H・カー：目錄作成に関する問題〉，《沖繩県公文書館研究紀要》3，2001年3月。

- 山極晃
  《米中関係の歷史的展開─1941年～1979年》，東

京：研文出版社，1997。

- Bush, Richard C.
「Panel presentation on the role of George Kerr in 228.」Taiwan's 228 Incident: The Political Implications of February 28, 1947. Brookings Institution, Washington, DC, 22 Feb. 2007. Web. 5 Aug. 2014.

作者簡介

蘇瑤崇

　　1998 年京都大學文學博士（東洋史專攻），現任靜宜大學通識中心專任教授。回台後主要研究領域在台灣戰後史，特別有關於葛超智（George H. Kerr）資料之整理與研究、聯合國善後救濟總署（UNRRA）在台活動研究、美國檔案與二二八事件等。

第二章

從美國的「台灣學」
看葛超智的貢獻

林炳炎

一、台灣學

　　美國的「台灣學」始於培里（Matthew C. Perry）率領艦隊來到太平洋岸。燒煤的蒸汽船艦需要補充煤炭，必須調查台灣何處有煤炭？李仙得是真正「台灣學」開山祖師，到了二戰期間，由葛超智集大成。

　　二戰後，台灣命運未卜。而葛超智在 1942 至 1945 年期間的努力，讓美國的「台灣學」更完備。1948 年出現 NSC 37—「台灣戰略地位的重要性」的論述，接著是阻止台灣淪入鐵幕的美援貸款及軍事援助，一直到現在的總統直選，都可以說是屬於美國「台灣學」的範圍吧。

　　1993 年以前，俄羅斯的「台灣學」是放在「東方學」之內，蘇聯解體之後台俄交往熱絡，俄羅斯台灣學從「東方學」獨立出來，轉眼已快 30 年。1993 年，《Far Eastern affairs》[1] 刊登 Fannie Toder 的〈Taiwan studies in Russia〉，文中作者回顧〈俄羅斯的台灣研究史〉，正好是為俄羅斯「台灣學」立下定義。1995 年《俄羅斯研究》第 3 期黃繼蓮的

1　《Far Eastern affairs》期刊有英文版與俄文版《Проблемы Дальнего Востока》，刊登同樣內容的論文。

〈俄羅斯漢學界與台灣〉，[2] 對俄文新詞「台灣學」
（Тайвановедение）也做了介紹。

根據 Toder 的敘述，最早對台灣有殖民企圖的
是匈牙利人 Count Moriz August de Benyowsky。[3]
他在 1771 年逃出俄國拘禁地，沿太平洋島弧來到台
灣，後來回到歐洲就大力提倡殖民台灣。Toder 也提
到，1920 年代的蘇聯對台灣相當感興趣，台灣蓬勃
發展的社會主義運動，曾經是蘇聯統治下第三國際
期刊的重要研究課題。

但是，1941 年珍珠港事變迫使美國參加太平洋
戰爭，使得美國對台灣的情報收集與學術研究交融
在一起，強化了「台灣學」，且幾乎支配了台灣之
後的命運。

2　1991 年 12 月蘇聯解體後，李登輝總統立即啟動破冰計畫，12 月
　　27 日台灣已將俄羅斯、白俄羅斯等做為「發展貿易關係的首要目
　　標」。1992 年 9 月 2 日，根據俄羅斯總統的命令，建立了莫斯科─
　　台北經濟文化協調委員會。在台北對應的是台北─莫斯科經濟文化
　　合作協調委員會。9 月 8 日，台灣宣布已與俄羅斯就互設代表處問
　　題達成協議。雙方貿易及文教來往急速升溫。

3　Benyowsky 在 1770 年，被俄國俘虜，流放勘察加半島，1771 年
　　逃亡，於 8 月 27 日至 9 月 14 日停留台灣。他留下法文回憶錄。《李
　　仙得台灣紀行》第 26 章，就有此故事。詳：Ian Inkster：〈Ori-
　　ental Enlightenment: The Problematic Military Experiences
　　and Cultural Claims of Count Maurice Auguste comte de
　　Benyowsky in Formosa during 1771〉，《台灣史研究》，
　　2010 年第一期，頁 27-70。

二、美國的「台灣學」先鋒－李仙得[4]

李仙得的人生之旅，因緣際會，讓他有機會發揮他的才能。他改變東亞的國境線，是神奇的戰略家，也影響後來的美國與亞洲關係。

李仙得（Charles W. Le Gendre，1830-1899）生於法國里昂西南部，當時他的父親 Jean LeGendre-Heral（1796-1851）曾在里昂美術學院擔任教授（1825 至 1842 年）。李仙得於皇家海姆學院就讀，畢業於巴黎大學。1854 年，在布魯塞爾與紐約少女 Clara Victoria Mulock 結婚，後移居紐約。

李仙得曾參加美國南北戰爭，在戰爭期間結識的領袖，都成為他在戰後尋求外交官職的助力。他於戰爭結束前一個月授勳為名譽准將。這份榮譽使他在日後的外交事業中得以被稱為「李仙得將軍」。

從 1866 年 7 月 16 日起擔任美國駐廈門領事，當時台灣海岸外美籍商船羅發號（Rover）發生船難。由於搜索生還者與遺骸的行動，使他有機會認識必麒麟（W. A. Pickering）等台灣專家，使自己在離職時也成為名符其實的台灣通。他在 1872 年 12 月

4　《李仙得台灣紀行》／李仙得著；費德廉（Douglas L. Fix），蘇約翰（John Shufelt）主編；羅效德，費德廉中譯，國立台灣歷史博物館，2013。根據此書〈李仙得略傳〉再摘要。

島國知音　台灣問題專家葛超智其人其事

19 日辭職，實際處理美國官方事務約 6 年。

　　1872 至 1875 的 3 年間，李仙得在日本擔任明治政府顧問。他抵達日本的第一年，在日本外相副島種臣舉辦的社交場合，與越前藩主松平春嶽之女池田絲結識，副島外相和其他的人很快就鼓勵兩人結婚。他是明治政府中提拔李仙得的最重要人物。

　　19 世紀，不少國家想占領台灣。根據 James W. Davidson 在《福爾摩沙島的過去與現在》一書中的說法，在台灣開港之後，「英國是第一個企圖占領台灣的國家。有人呼籲華府應占領台灣一部分，並取得美國遠東海軍基地，建立美國商品轉運站。美商奈吉登（Gideon Nye）最早向美國當局提議，其次分別為：美駐大清全權代表伯駕醫生（Dr. Peter Parker）、培里提督、美國首任駐日公使哈利斯，……建議買下台灣。」[5]

　　1867 年 6 月 3 日台灣道台及總兵在回覆李仙得時，曾這樣描述福爾摩沙：「該地生番穴處獉居，不載版圖。」[6] 李仙得在 1870 年編輯的福爾摩沙地

5　《福爾摩沙島的過去與現在》，James W. Davidson 原著；陳政三譯註，國立台灣歷史博物館，2014，詳 p.212。

6　〈台灣道台及總兵回覆李仙得，1867 年 6 月 3 日〉收錄在〈李仙得致國務卿 1867 年 6 月 30 日〉（美國駐中國廈門領事館領事報告，M100，roll3）附件第 23 號。詳 Charles W. LeGendre（李仙得）原著； Robert Eskildsen 英編；黃怡漢譯； 陳秋坤校註，《南台灣踏查手記》，前衛出版，2012，p.239。

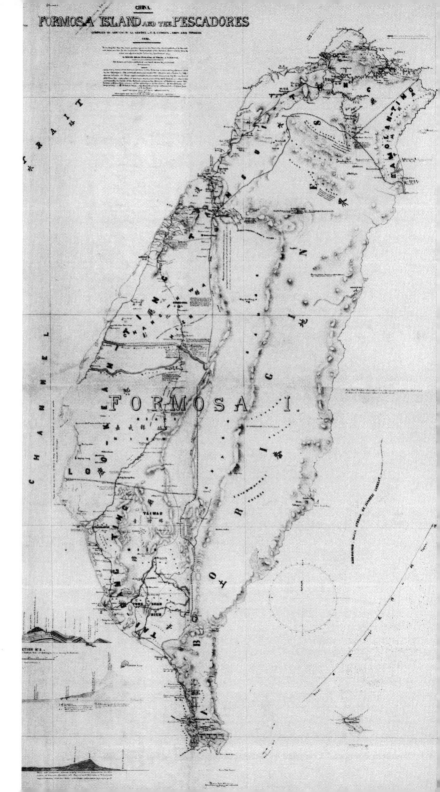

圖，也清楚顯示「土番地界」。

關於羅發號船難，美國國務院西華（William Henry Seward）國務卿致函駐華公使蒲安臣（Anson Burlingame），給了李仙得非常清楚的訓令。他要李仙得「調查該案眞相。查報慘案發生地區是否屬於中國政府管轄範圍，或是設立何種官制。假如有，請要求他們進行調查、懲罰；可能的話，要求賠償。……謹記美國絕無奪取及占領台灣或其部分地區的意願。」[7]1867 年 4 月 23 日，蒲安臣致函李仙得：「我立即促請中國政府注意羅發號事件，也收到他們對此謀殺案深表遺憾，並願盡可能提供協助之函。我希望你能盡力夥同中國政府捕獲凶手，嚴懲惡行，並防止將來發生類似慘案。」[8]第 206 號西華致函蒲安臣，又重提第 202 號公文所提指示辦理。

美國國務院沒有意願，也不許可李仙得「奪取及占領台灣或其部分地區」，李將軍縱使有那種想法，長官也不允許。因爲與國務院無法暢談對台灣的看法，李仙得充滿無力感。這使他在 1872 年決

7　詳 Charles W. LeGendre（李仙得）原著；Robert Eskildsen 英編；黃怡漢譯；陳秋坤校註，《南台灣踏查手記》，前衛出版，2012，p.224。

8　同上，p.225。

定離開廈門，想前往阿根廷。李仙得寫道，在 1872
年「10 月 15 日這一天。我那時想要返回。當時並
不知在任務結束的這段期間，我會遭受如此多的煩
擾，更別提羞辱了。」[9]「這封信我沒有回，但在
16 日的早晨，我派通譯去見他，告訴他我在福爾摩
沙的任務已告一段落。」[10]

　　李氏後來去了日本，之後又到朝鮮，於 1890 至
1899 年間在朝鮮王室任職。1895 年 10 月日本暗殺
朝鮮明成皇后的猖狂事件，李仙得正好目睹。他的
家距離皇宮只有幾步之遙，皇后遭暗殺後，他去那
兒站崗。其後的 10 年間，正值俄國意圖加強在朝
鮮半島的影響力，李仙得與俄國外交官保持密切往
來，遭人懷疑他抱持偏袒俄國的態度。但也有人認
為他抱持反對俄國利益的立場，俄國外交官 Alexis
De Speyer 似乎對李仙得格外惱怒。[11]

　　李仙得在日本期間，曾經於 1874 年成功幫日本
策劃台灣事件，攻打牡丹社。他在日本留下有名的
「建言書」。[12] 以下是部分日文摘要：

9　《李仙得台灣紀行》，李仙得著；費德廉（Douglas L. Fix），
　　蘇約翰（John Shufelt）主編；羅效德，費德廉中譯，國立台灣歷
　　史博物館，2013，p.275。

10　同上，p.275。

11　〈李仙得略傳〉，p. c。

12　堀眞琴〈「米人李仙得的建言書」について〉，国家學會雜誌，

最後に第八章であるが、これは、前述の如
く、日本及び支那の國際的地位とその結果とその
結果とを論じたものであつて、とりわけロシア
及びイギリスの極東政策への對策を中心としてゐ
る。全文八節に分れてゐる。

第一説　魯西亞及び貌利典が亞細亞二於て日本及
　　　　び支那交際上其着目スル所ヲ論ズ
第二説　ベートル大帝及び其權謀事ヲ論ズ
第三説　千五百八十七年ヨリ千八百七十五年マテ
　　　　魯西亞が亞細亞地方二於テ併呑スシ國々
　　　　ノ事ヲ論ズ
第四説　亞細亞洲二於て魯國ノ遠謀ヲ施サントス
　　　　ルノ際其追從スル事跡並智略事ヲ論ズ
第五説　亞細亞洲中魯國二於テ既二其版圖二入ノ
　　　　タル國々並二將來必ズ同國ノ版籍タラン
　　　　國々ノ地勢並二國誌ノ大略ヲ論ズ
第六説　亞細亞洲中既二魯國ノ版圖二歸セシモノ
　　　　ト或ハ今獨立タルモ其既往ノ歴史二由テ

1937 年 5 月號 NO.51，pp.114-131。維新之後外交問題最有力
的助言者是佛人ボアソナード 及李仙得。李因台灣通被日本政府
雇爲顧問，1874 年牡丹社事件告一段落。李對日本政治經濟各方
面深入研究，成爲大隈重信重要謀士，他的獻策以建言形式留下
來。吉野作造說他是日本外交的恩人。

　　　　　判決ヲ下セバ將來魯國ノ版圖タルヲ免レ
　　　　　ザルモノトノ人類二付テ論ズ
第七説　英國或ハ魯國ヲ除クノ外他ノ外國二於テ
　　　　　亞細亞洲中二所領ヲ得ルノ際日本ノ獨立
　　　　　二危害トナルベキヤ否ヤヲ論ズ
第八説　亞細亞洲中各國ノ現今並二將來歸着セン
　　　　　トスル所ノ國勢ヲ論ズ

　　其次還有日本的富源開發方策論、國體論、廢藩
置縣等等……

　　1966 年科羅拉多大學有一篇討論李仙得博士論
文 [13] 中之「將軍的建言」，其中精彩片段摘譯如下：

　　李仙得在 1875 年底正式離開日本政府，但仍持
續關注日本的未來，開始寫作 Progressive Japan 這本
在 1878 年出版的書。這本書的目的之一是在未來行
政、經濟及外交方面，給日本政府建議，因此值得研
究，尤其是他某些觀點的轉變。

13　Sandra Carol Taylor 〈Charles LeGendre, American Diplo-
macy, and Expansion in Meiji Japan〉, thesis of the Uni-
versity of Colorado by CARUTHERS, 1966。博士論文第七章
是「將軍的建議」，pp.277-332，但本文只選擇其中重要內容。

李仙得在前言中解釋他爲何對日本深感興趣。依他的觀察，東亞國家與美國將建立最緊密的關係。這些國家的繁榮與和平，符合美國利益。尤其是日本，以其地理位置及進步的文明，注定要成爲遠東的領頭羊。李仙得在此所表達的，可能是二十世紀中葉美國所倡導的「亞洲優先」政策的前驅。

李仙得認爲，日本很幸運，因爲地理位置關係，得以與「地球最先進的種族」接觸。但日本人本身也相當聰敏，「向上的傾向及同化的能力特別優異」，本性「馴服、溫和、誠實，同時又堅定」。

他又進一步討論日本該如何快速現代化。他覺得日本的皇朝是最佳的政府，民主則是最差的政府形式。

他表示：民主選舉制度無法產生強力的政府，美國已經開始從紐約貧民窟的普選權開始意識到這點。李仙得認爲美國的外交顯示出這種制度的缺陷。不過美國有極佳的地理位置及廣闊的土地，不需要強力的政府。

李仙得此時可能已精通日語，對日本政府有較深的研究。他認爲封建制度必然要廢除，對外開放既然無法避免，政府必須改變。

日本諸侯制度若不廢止，將無法避免內亂外患，王朝也會瓦解。

改變是如此急迫，無暇思考，故而 1867 之後的維新難免有猶豫、矛盾、以及錯誤。

李仙得也批評「五條御誓文」所施加在天皇身上的重責大任。封建時代的君王並非真正的統治者，有錯是幕府將軍在扛，天皇並無責任。明治維新卻使得帶有神性的天皇必須為與他無關的事件負責任，也沒有給人民矯正政府的機制。在這點，李仙得明顯誤解了「五條御誓文」的本質，它其實只列出概略的理想，天皇事實上並未負那麼多的責任。

李仙得認為日本人太迷信西方的政治制度，1875年的政府改革並未奏效。他也認為成文的憲法無法解決問題。

法國證明成文憲法用處不大，英國的不成文憲法好用多了，而且更能保障公民權。

李仙得相當不贊同寡頭政治，認為那只是掌權者取代了幕府將軍罷了。

基本上，李仙得與大隈都是保守份子，在開明與傳統之間嘗試取得平衡點。

李仙得認為岩倉的任務是失敗的，當時日本的立法與司法都無法實現岩倉的目標。

李仙得盛讚前外交部長副島。副島主張開放日本，歡迎外國人移民，也主張占據韓國與福爾摩沙，反正中國完全忽視這兩個地方。

副島有意識到其主張的危險性，但是他相信愛國的武士們會保衛日本、重整亞洲。歐美以三十年的戰爭及外交所無法達成的，他期待日本在十年內可以和平達成。

副島的計畫並未在福爾摩沙的攻擊行動中被採納。但即使沒有占領福爾摩沙，日本卻在亞洲建立了威望，使它的陸軍、海軍、外交部門獲得實戰經驗，同時也壟斷了海上運輸業。

三菱輪船公司，就是一個很大的經濟收穫，它是日本最先出現的財閥之一，當時負責運送軍隊及物資到福爾摩沙。不過副島主要的目標並未達成，亦即簽訂新條約並永遠擺脫惱人的武士階級。福爾摩沙行動還附帶一個重大的收穫：和平地開啟韓國的門戶。韓國眼見自己的宗主國被日本打敗，當然就轉向日本了。

對福爾摩沙的行動以及 1874 年與清朝的交涉，日本政府政策搖擺，武士們當然很不滿。

李仙得對薩摩藩叛亂的敘述不甚正確，以為只是當地的擾動。其實參與者包括了所有反政府的人士。李仙得同情叛亂者，並讚揚好鬥的副島，導致李仙得被削去公職。

李仙得的關注由政治轉向經濟，提倡製造業以及農業現代化。

有歷史學家認爲，李仙得在外交政策方面的建言即使不夠好，也算是大膽的。很難斷言其明確的影響，但他的確加強了日本政府的擴張主義傾向。自由主義及擴張主義的結合，後來一直明顯存在。就在李仙得以備忘錄和書籍創作提出建言的同時，明治政府朝向擴張主義踏出了明確的第一步，這絕非巧合。日本進擊福爾摩沙之後，併吞了琉球群島。

　　副島、李仙得、大久保利通三人，建立了日本的外交。繼之而來的，則是巧妙的戰術。

　　李仙得的想法竟然與 1859 年因爲提倡「尊王攘夷」而被處死的長州藩武士吉田松陰相似，吉田在《幽室文庫》[14] 中說：「……收滿洲逼俄國，並朝鮮窺清國，取南洲襲印度。宜擇三者之中易爲者而先爲之。」……爲日後大日本帝國的擴張主義和殖民主義定下了根基。

　　二戰開始前，東亞版圖幾乎是依照李仙得的建議而展開。二戰之後，美國的勢力版圖幾乎取代了戰前的日本。

---

14 http://blog.xuite.net/armorsan/twblog/134419578-%E5%90
%89%E7%94%B0%E6%9D%BE%E9%99%B0。

三、葛超智

　　葛超智在《被出賣的台灣》中說道：「1943 年後期，海軍開始全力準備進攻台灣，並以『堤路』作戰計畫（Operation Causeway）做為代碼。……一旦盟軍入侵登陸，預期將會面臨一個經濟破碎的狀況，是以必須準備控制、以及重建五百多萬人口的生活。倘若可能，我們應爭取台灣人民的友善合作，使其保護我們最後用來進攻日本本土的各個基地。沒有人知道盟軍的占領會持續多久。鑑於這些問題，海軍行動部門的長官設立了一套詳密的執行占領台灣任務之軍官訓練計畫。我們需要這些軍官準備好能夠掌控及指導民間生活的各個面向，包括如警力、醫療服務、公共衛生、交通、教育、商務、以及影響民生物品的重要產業等。」[15]

　　由於是以台灣做為主要目標，台灣小組在 1944 年製作的《民政事務手冊》共 28 本，以台灣為專題的有 11 本，其他小島有 7 本，其餘 10 本是共同適用，還要加上軍政府學院教材，才算完整。

　　葛超智就這樣，把日本統治台灣 50 年的業績，用《民政事務手冊》及為數可觀的海軍軍政府學院

15　《被出賣的台灣》重譯校註版，葛超智（George H. Kerr）原作；詹麗茹、柯翠園譯，台北市：台灣教授協會，2014，p.32。

教材呈現，然後，美國以轟炸機逐一炸毀，或使其無法運轉。以下摘述葛超智為海軍任務所做的成品：

（A）台灣 OPNAV 50E-12

軍事地理學和氣象學：台灣的戰略位置、一般軍事地理、主要山岳、河川沼澤湖泊、氣候與氣象；人口圖像與公共衛生。

社會狀況習慣及教育：族群、移民、台灣人動態、語言群體、慈善事業與社會福利、居住狀況、勞工、教育、宗教、出版與宣傳。

政府：歷史背景與日本統治、在台灣軍事統治之評估、日本人的態度趨向殖民、在台灣總督府治理下的其他島嶼、外交事務局的功能、政府認可的外國代表在台灣、戰前台北領事館的投資額、台灣總督府控制海外地區、中央政府的結構與機能……

經濟：一般經濟狀況、日本領有台灣之前的經濟、經濟活力的現在程度、經濟研究和激勵、政府的調查與限制活動、植物與水果不能從台灣運至日本、中政府歲入、公債、經濟補充事項……

附錄：距離表、台灣的氣候區間、台灣的氣象資料、雨量測站與地圖、氣象觀測站和燈塔、地圖參考書目、台灣的人力潛能、原住民。

寫真充分展現台灣的實況。

（B）台中州 OPNAV 13-26

由於電力是國防科技工業，備受重視。電力在台中州手冊中，只有 3 頁。

「已知在台灣的裝置容量是 315,892KW，依照粗略的資料，預期到 1945 年底，會增加 6 發電所 320,300 KW，……1945 年底，台中州會有全台 4/5 的電力。」

「台中州有日月潭第一、日月潭第二、日月潭第三、霧社第一、霧社第二、北山坑、后里、社寮角、豐原、天冷等發電所及霧峰變電所。」

以上日月潭第三（未動工）、霧社第二、豐原、天冷等發電所，未能於 1945 年底完工，主要原因是戰爭激烈，發電設備無法運抵台灣；而且水泥、鋼筋等資材，因轟炸等原因，無法供應。

（C）台灣經濟補充說明書 OPNAV 50E-12

1. 簡介：台灣的經濟發展、2. 經濟控制及業主權、3. 農業及漁業、4. 林業製品、 5. 電力、 6. 礦業、 7. 工業及勞工、8. 台灣工業化、9. 外貿、 10. 通貨、銀行業、信用、11. 公共財政、12. 附錄。

其中「台灣電力株式會社」：共列出 24 個發電

所，包括淺野水泥的發電所、日月潭第三發電所、豐原發電所、清水發電所第一第二發電所。但天冷發電所已動工，日月潭第三、豐原發電所尚未開工。

台灣電力在 1944 年有 32 萬 KW 裝置容量，而自家用有 6 萬 KW 裝置容量，共 38 萬 KW 裝置容量。淺野水泥發電所是屬於自家用，並非台電所有。

表 44：假定在日月潭及其他大發電所未能運轉下，有哪些發電所能提供電源。空襲之後，日月潭第一及第二發電所未能運轉。

（D）海軍軍政府學院教材等

海軍軍政府學院於 1944 年 10 月 3 日開辦，這是因應占領地需軍政府來管理，教材以台灣為對象，第一班有 447 學員。

課程如下，數字表示授課時數：

歷史研究 20、一個民政幹事的常規功能 20、國際法及軍政府 12、法律加強（政治及衛生）20、財政及經濟 20、人民及風俗習慣：研究太平洋的歷史地理經濟及人民 50、語言 35、討論 20、軍政府組織及程序 20、軍政府實際操作 6 天、宣傳教育 10、訓練旅行 12、體能訓練及輕武器指引 70、畢業 4。

內容有：日本模擬法庭、戰俘營問題、海軍軍政府學院放映的電影；在海軍軍政府學院上課的學者：網羅全美國有日、台、中等經驗的學者、工程師、軍人等。

附錄十九，留有 MG1-MG13 口試題目，包括政治議題、台灣知識，題目不簡單。

此小冊子最後，有 12 張彩色影像，台灣最美麗會讓人致命的毒蛇，學員應該會印象深刻。

（E）菲利浦中尉所提出的備忘錄—軍事占領期間主權的宣示或承諾改變

這是葛超智小組成員所作軍事占領台灣的國際法研究，前面有葛超智寫的序言及菲利浦回顧 20 世紀初，1907 海陸戰公約公布後，國際間使用此法進行軍事占領的回顧，本文撰寫於 1944 年 5 月 4 日，而開羅會議在 1943 年 12 月 1 日所發表的對日作戰的開羅聲明，針對此聲明所作適法性研究。

台灣領土主權變更

開羅聲明說：「日本從中國人那裡竊取的所有領土—應歸還中華民國。問題是在台灣領土被占領後是否應立即採取步驟以實現開羅聲明。這需要考慮問題的法律、軍事和政策方面。關於被盜財物的說法只是

煽動性的，沒有國際法依據，至少就台灣領土而言是這樣。該領土的所有權與任何其他領土的所有權一樣具有法律效力。如果歸還中國就意味著主權的移交，則要等到戰爭結束後才能合法地實施。從軍事必要性的角度來看，該領土不立即歸還中國似乎很重要，據推測，在其最初被占領後的相當長一段時間內，它將被用作重要的先進基地，進行密集、大規模的軍事活動。出於作戰和安全原因，這種軍事形勢需要一個由中央軍事指揮的強大軍政府。對政策的考慮雖然是高度投機性的，但往往表明，鑑於在似乎很可能的漫長戰爭期間遠東政治局勢發展的不確定性，將主權移交推遲一段時間是可取的。從法律、軍事和政策的所有角度來看，似乎不應在占領後立即採取步驟來實施開羅聲明。

占領期間可能會採取措施實施政治和經濟政策，以促進中華民國未來對台灣領土的管理。取消日本政府的管理，並在中國的合作和建議下建立一些合法的政府管理措施，這似乎是可取的。法律和制度變化背後的軍事和法律考慮之前已經討論過，這裡不再重複。然而，由於該領土已被日本管理近五十年，相信政府制度和法律應該逐漸改變，除非軍事需要，否則不應嘗試大刀闊斧地替代其制度。

葛超智身爲美軍情報員，向美國軍方建議戰爭結束後台灣應由美國託管，但由於美國國務院與美國軍方的意見不同，此建議雖未被接受。葛超智小組的努力，似乎成爲歷史發展中，可走的路徑規劃。

舊金山和約，對台灣的處置，是日本放棄台灣，而形成台灣地位未定，讓台灣有機會進行民主發展的實驗。

四、結語：NSC 37「福爾摩沙的戰略重要性」[16]

1948 年 11 月當共產黨明顯占優勢時，美國開始擔憂台灣有可能被共產黨攻占。代理國務卿 Robert A. Lovett 要求美國參謀首長聯席會議 Joint Chief Staff 將台灣被占領後，對美國造成的影響進行評估。24 日 JCS 幕僚長 William D. Leahy [17] 上將有說帖給國防部長轉國家安全會議（National Security Council，簡稱 NSC），稱情勢日惡，台灣澎湖各島形勢，關係到日本與馬來西亞間之航道，亦控制菲

16　NSC 37「福爾摩沙的戰略重要性」，由雲程於 2013 年以新書《1949 福爾摩沙》出版。

17　威廉‧丹尼爾‧李海，1875-1959 年，在二戰期間，擔任美國總統的參謀長，也是海軍作戰部部長和美軍總司令參謀長，對美國和同盟國做出巨大的貢獻。李海是首位獲五星上將。

律賓與琉球群島間之交通，如果落在不友好國家之手，將使美國國家安全陷入非常不利的境地，美國在遠東戰略地位將受損害，美國無論如何，宜用一切外交及經濟手段，使其長屬於對美友好之政權。幕僚長李海曾是海軍作戰部部長，他所提出的「美國在遠東戰略地位將受損害」，是從台灣開港之後，就備受海權國家重視，NSC 37「福爾摩沙的戰略重要性」之參與論述者，就是在強化李海的問題意識。

2021 年，香港的「一國兩制」被取消，美國川普總統開始進行「美中貿易戰」及關鍵技術管制輸往中國政策後，形成新的民主體制與專制集權體制間的對抗。台灣在戰後，本是專制集權體制，在漫長歲月中，透過不斷的抗爭，最後終於總統直接民選，歷經政黨輪替，漸漸站穩民主體制。在這民主選舉的歷程中，台灣逐漸進行美國總統威爾遜的人民自決運動，凝聚台灣意識，而成為民主體制的一份子。

謝啓：感謝 Samuel Chiou 兄提供在 NARA 的《民政事務手冊》及海軍軍政府學院教材資料，讓我能寫。感謝 Taimocracy 小組協助。Taimocracy 已協助翻譯 NSC 37，2013 年出版《1949 福爾摩

島國知音 台灣問題專家葛超智其人其事

沙》。感謝費德廉教授，讓我認識李仙得及 NSC 37
對台灣之重要。

作者簡介　　　　　林炳炎

　　草屯人，1944 年 3 月出生於草屯，成功大
學建築系、交通大學管理科學研究所畢業。2009
年台灣電力公司退休。自 1990 年代開始持續關
心台灣史，出版有：《台灣經驗的開端　台灣
電力株式會社發展史》、《保衛大台灣的美援
（1949~1957）》、《紅毛土技術史在台灣》、
《林木順及台灣共產黨的創立》及《第六海軍燃
料廠探索》（共著）。

　　除了《保衛大台灣的美援（1949~1957）》
本書討論戰後台灣史，希望以本書喚起年輕人對
台灣戰後戰略定位之關心，其餘著作皆有關日治
時期台灣史。

第三章

George Kerr
與
二二八史料

蕭成美

年輕時的葛超智先生。（台北二二八紀念館提供／典藏）

　　我和 George Kerr 這位傳奇人物的交往，始於
1960 年代初期，大約是在 1963 年左右。當時，我
每年的四月都會前往新澤西州的大西洋城（Atlantic
City）參加一個叫做 FASEB（Federation of American
Societies of Experimental Biology）的學術會議。那是一
個非常大型的會議，與會者有數萬人，包括全美各
大學相關科系和各種研究機構裡的研究人員、學生
等。因爲這層緣故，所以該會議也是最有機會和不
同學門的朋友見面之處。這類朋友當然更包括散布
在美國各地的台灣人學者們。
　　像我這個專門研究大腦的人，就是在那裡和台

大醫學院的同學，亦即腎臟醫學研究者的杜武豪君見到面。大約是在 1963 年，帝大醫學部預科出身的杜君在會場和我見面寒暄時，突然轉換話題說：「你是台北高等學校畢業的，那你一定知道 George Kerr 才對。George Kerr 目前就住在我加州家附近，他很想和台灣人說話，但台灣人都怕他，不想和他扯上關係。你是台高出身的，你打電話給他，他一定會非常高興。我這裡有他的電話號碼，你要打嗎？」就這樣，我從大西洋城打了一通公共電話到加州的柏克萊，而且和 Kerr 聊得相當愉快。和現在打長途電話不用多花錢的狀況不一樣，在那個令人懷念的年代，長途電話一次講三分鐘，且會因為距離和時段的差異而有不同的費率。用公共電話打長途電話前，還要先準備大量銅板，然後依照接線生的指示按時投入銅板，否則電話就可能隨時被切斷。

本來以為，和蔣介石的第二號敵人（譯註：指 George Kerr 老師）愉快地通過電話之後，自己就能晉身成蔣介石第三號敵人等級的大人物，但沒想到事情並沒有那麼簡單。舉例而言，若不是川平朝清教授和朱真一教授的推薦，自己甚至沒有機會參與本書的寫作，在此不得不再次向兩位教授致謝。

在大西洋城與 Kerr 老師通話，回到西雅圖不

久後，就接到他寄來的一封郵件和包裹，包裹裡是厚度近尺的書籍原稿。原稿將台灣的歷史分成三部分，第一部分是 1895 年以前，第二部分是 1895 到 1945 的五十年日本統治時期，第三部分則是包括 1947 年二二八事件的戰後歷史。雖然對歷史沒有特別研究，但第一和第二部分的歷史多少有些了解，第三部分則大多是自己從未聽聞過的事情。其中有許多秘辛，是只有當過海軍情報官（Naval Intelligence Officer）、海軍重慶特派員（Naval Military Attache）、台灣受降典禮美軍代表、以及美國駐台北副領事等特殊資歷的 Kerr 老師才有辦法寫出來的。以精彩有趣來形容或許不盡恰當，但對我而言，那一部分的內容，就像是從未見識過的異世界事物。當時也更深切體會到，這段歷史絕對是台灣人乃至日本人所需要了解的。在給 Kerr 的回信中我寫道，我沒辦法對這份原稿提出任何意見，因為這裡面有太多我不知道的事物，我僅有的意見就是，這段歷史絕對要讓更多人知道才可以！我寫給 Kerr 老師的讀後感，大致就是如此。之後，就如大家所知，《被出賣的台灣》發行之後，果然引起各方人士注意。不過，該書當初的出版過程並不是那麼順利。因為當時的美國將中共視為敵人，而蔣介石也是中國的敵人，在敵人的敵人就是朋友的邏輯下，這本講美國朋友壞

話的書當然不受歡迎。

　　我當時的薪水並不多，但記得書籍剛出版的時候，我還是盡可能自費買了許多本寄給每一位國會議員。這本書當時的售價是十美元一本。現在回想，那時的做法真的是沒有必要而且浪費，那些國會議員，可能是看都不看就直接把書給處理掉了吧！前些時候在 Amazon 看到，此書的再版竟被 Da Capo Press 以一本數百美元的價格販售，實在令人驚訝！我自己的那一冊是第一版，上面還有 Kerr 老師到西雅圖時留下的簽名。此外，我還透過 Amazon 買到一本倫敦的 Eyre & Spottiswoode 出版社所發行的版本。大約是 1980 年，Kerr 老師曾寫信跟我說，這本書在英國賣得不好，出版社打算銷毀存貨，如果當地有朋友想收藏的話，直接去出版社搬貨即可。我為此通知了住在倫敦的黃彰輝牧師，但後來沒有得到回覆。

　　第一次與 Kerr 老師見面則是在 1969 年秋天，當時我到舊金山，準備送我的父母回台灣。我開著租來的車子到公寓拜訪他，他本人果然就和我之前的想像一致。與老師談過話之後，我指著他身後那一大批誘人的台灣相關書籍和研究論文說，「哪天老師如果想要將這些收藏處理掉時，可不可以優先通知我」，然後就與他道別離去。

1971 年初，我接到 Kerr 即將移居檀香山、搬家前想要先處理他那批文資收藏品的通知。這批收藏品已經預先做好 164 頁的目錄，而且也請紐約的經紀公司估過價。估價後得出的金額大約是我當時半年份的薪水，我向銀行貸款買下了全部的收藏品。數週後，我在西雅圖收到由 Kerr 親自打包的二十幾個牛皮紙箱的收藏品。二十幾箱的收藏品堆放在我家地下室的角落，宛如一座小山。這批文資收藏品的內容都已經編好目錄，所以我並不急著打開，打開之後反而會不知道如何整理。然後這批文資收藏品就在沒有任何外人得知的情況下，在我的地下室沉睡二十多個年頭。

這批收藏品大部分是和二二八有關的資料，我擔心國民黨得知之後，會讓我和我的家人陷入險境。所以，關於收藏品的事，我決定不告訴任何人，即使是好朋友也一樣。

1980 年代末，我收到一封 Kerr 寄來的郵件，他建議我可以考慮把這批資料賣給琉球大學收藏。轉給琉球大學收藏當然是一件好事，但一想起這批資料大部分都和 1947 年發生在台灣的二二八事件有關，個人就覺得還是盡可能將它們送回台灣才對。由於台灣政情在當時已經開始往好的方向轉變，先是李登輝先生在 1982 年成爲副總統，接著又在 1988

年當上總統，所以我回信告訴 Kerr，資料的處理是否可以再稍等一下。琉球大學雖然沒有直接和我聯絡，但 Kerr 之後仍數次催促我不妨將資料賣給琉球大學。由於我一直沒有給確切的答覆，所以後來可能因此讓 Kerr 老師覺得不高興。

從那時起，外界開始出現我保管了大批 George Kerr 老師文史資料的傳聞。然後就是有各種不同單位開始與我聯絡求證，對於外界的詢問，我都一律否定。

1987 年獨裁的國民黨政權解除戒嚴，後來李登輝總統又以國家元首的身分向二二八事件的受難者遺族道歉。1994 年陳水扁先生當選台北市長，1997 年二二八和平紀念館在新公園內正式成立。在這種情勢下，已經沒有必要繼續將保存 Kerr 史料一事當成機密。於是我不再拒絕讓外界知道這件事情。後來，台北市長陳水扁和副市長陳師孟派專人來與我交涉，希望我能將這批收藏轉給台北二二八和平紀念館。被列入黑名單多年的我，在 1997 年終於可以光明正大回到台灣。我在同一年訪問了台北二二八和平紀念館，並在 1998 年將 Kerr 老師收藏的史料，全數轉讓給二二八紀念館。當時 Kerr 老師已經過世，但我相信他應該能認同我做的決定才對。

1973 年夏末，在參加完京都的學術會議回美途

中，我和 Alvord 夫婦一起到檀香山拜訪 Kerr，並且在他家打擾了兩晚。後來 Kerr 曾兩度至西雅圖作客，而且就住在我的家中。其中有一次是秋天，當時我正好從山上採了一些松茸回來，我們就在家中一起享用松茸和壽喜燒。之後他寫信給我時，還常常提起這件事。Kerr 老師會兩次來到西雅圖，主要是爲了幫自己的下一本著作《Formosa: Licensed Revolution and The Home Rule Movement, 1895-1945》向 Alvord Foundation（Alvord 基金會）申請研究補助（research grant），以方便書籍順利出版。我可以進一步了解 Kerr 老師的學經歷背景，也是因爲看過該次申請書的關係。

收到 Kerr 老師的最後一封信件，是在他即將進入安養院之前，大約是在 1987 或 1988 年。他說：

「我最近得了 TIA（Transient Ischemic Attacks；暫時性腦部缺血），認知功能好像有點退化。這正好是你專攻領域的疾病，我應該無須特別解釋吧！」

我不知該說些什麼，只能沉默以對。後來我是從台灣報紙讀到老師過世的消息。我寫了一封諮詢病情的信給老師的安養院和醫院，但對方以個人隱私、無可奉告爲由，並未透露訊息給我。

作者
簡介

蕭成美

　　「日台裔」美國公民，1926（大正 15）年出生於台灣彰化縣。就讀過台北二中、台北高等學校，1950 年台大醫學系畢業。擔任過外科及精神科醫師，後於 1954 年赴美。曾於波士頓的 Lahey Clinic 和休士頓的 Baylor College of Medicine 研習神經外科，1958 年又在同校研究神經病理學。1960 年應聘至西雅圖華盛頓大學醫學院，服務40 年之後退休。其後獲聘為該校醫學院的神經病理學終身名譽教授。

　　2006 年，由蕭成美醫師翻譯的《被出賣的台灣》日文版共 583 頁，在日本由「同時代社」出版。蕭成美醫師於 2022 年 1 月 8 日去世。

第四章

《被出賣的台灣》
誕生秘辛

杜武豪

已經無法清楚記得，當初是在什麼樣的狀況下與 George Kerr 老師見面，又是在什麼樣的機緣下與他認識的了！George Kerr 曾為了確認他的著作《被出賣的台灣》中提及的犧牲者是否確已過世而與我聯絡，但詳細的過程已經無法殫記。另外就是，二二八事件期間，家父正好擔任淡水鎮長，記得當時 George Kerr 曾向父親詢問事件狀況。

戰爭期間，我正好就讀台北一中，當時校內曾傳聞一中以前有一位叫做 Kerr 的美國人老師。原因是老師們使用的粉筆盒之中，有幾個用日語的片假名寫著カール，看過的人就會推想以前有位叫這個名字的英文老師。但令人意想不到的是，當我遠渡重洋來到美國，竟然有機會和這位名叫「カール」的老師見面。如前所述，我已經無法記得與 Kerr 老師聯絡的細節。記得的部分就是，Kerr 老師當時住在加州柏克萊的一間小公寓；公寓裡只有兩個房間，相當簡單樸素。

第一次和 Kerr 老師在美國見面時，他最感興趣的問題是，我為什麼會想要來美國？其次就是，他不斷問我，我在終戰前六個月被調去當學生兵，有沒有因此在戰後遭到美國領事館以戰犯的身分追究？Kerr 在戰後先以海軍軍官身分來到台北，之後又轉任美國領事館副領事，那段期間他專職處理了

Kerr 老師離開台灣之後，先任職於史丹福大學的胡佛研究所圖書館，之後再轉往柏克萊加州大學（University of California, Berkeley）從事沖繩史研究。Kerr 後來又遷居夏威夷，任職於夏威夷大學的東西研究中心（East-West Center），最後在當地過世。照片爲檀香山全景。

許多戰犯問題，所以才會不斷重複詢問我有沒有類似遭遇，即使我已經否認多次。

　　和 Kerr 老師見面時，他已經離開先前的工作，每天就是一面喝啤酒，一面專心寫書。

　　詢問完二二八事件的相關問題後，他告訴我，他想要寫一本和台灣有關的書。當時他還沒開始動筆，不過仍舊告訴我許多關於寫書的想法。Kerr 老師認爲，當初台灣人離開中國來到台灣時的理想，可以和坐著五月花號（May Flower）來到美國的英國移民相媲美，這也是他想要藉由著作表達的理念。

　　我回答他，我覺得祖先當初從中國過來台灣時

所抱持的理想，應該沒有五月花號的移民那麼崇高才對。但我的意見沒有被他接受，關於台灣移民的想法，他到最後都沒有改變。

不久，Kerr 開始執筆寫作《被出賣的台灣》一書。在那段時間，我會在每天下班之後、或是上班之前，抽空前往他的住處收取他前一天新完成的稿件，校閱完畢後，隔天再拿去歸還。

Kerr 老師不想將錯誤訊息寫入書中，所以才會有這種他一邊寫作，一邊請我提供意見的想法。那段期間，不管我的工作如何忙碌，每晚還是會先將 Kerr 老師的原稿讀完再上床睡覺。這種校閱方式，一直持續到原稿完成為止。蔣介石政權對於撰寫類似書籍的人總是抱持著敵意，在舊金山灣區另一側的 Daly City 就有台灣過來的中國作家遭到殺害。當時盛傳，殺人凶手是國民黨派來的間諜。Kerr 對於這類的訊息非常敏感，他深信國民黨已經將髒手伸到美國。Kerr 還說，他總覺得美國聯邦調查局（FBI）長期跟蹤他。例如，在他常去查閱資料的加州大學圖書館，那些中國相關文獻的關鍵部分，常會原因不明的被人撕走。那些被撕走的頁面，當然都是對國民黨政府的負面紀錄。雖然說不出確切理由，但 Kerr 還是常常對我說他又遭到 FBI 的跟蹤。Kerr 老師說，掌控 FBI 的人是胡佛，執政的是共和

黨，當時的美國共和黨政府整體傾向支持蔣介石政權。因爲這層原因，所以加州大學圖書館裡那些對國民黨不利的資料，才會常常被人撕走。他還說，這就是蔣介石政權的影響力已經擴及美國的徵兆。

當 Kerr 老師要外出旅行時，他會請我幫忙保管未完成的稿件。他說將原稿留在自己的公寓裡面，是一件危險的事情。Kerr 一直認爲，蔣介石政府的勢力已經擴展到美國這邊。二二八事件發生時，儘管 Kerr 當時是美國領事館的外交官，但還是被國民黨的武裝人員押送到台北松山機場，然後強制遣送出台灣。有了該次被驅逐的經驗，Kerr 始終無法信任蔣介石政權。

與 Kerr 老師開始交流後不久，我到大西洋城參加學術會議。在那裡見到了杜祖健博士以及大學同學蕭成美醫師，我向他們提起遇到 George Kerr 老師、以及他彼時陷入經濟困境一事。很幸運地，聽到 Kerr 的困境後，蕭成美同學說他主任的家族有成立一個 Alvord Foundation，這個基金會或許可以提供獎助學金（scholarship）給 Kerr。蕭成美後來向 Kerr 老師的主任教授 Professor Airo 建議提出獎學金的申請，Kerr 的寫作計畫也因此順利獲得 Alvord Foundation 的補助。我和 Kerr 固定見面的那一陣子，他的生活都是依靠姊姊的資助。但 Kerr 的姊姊

後來遭到惡質股票經紀人的詐騙，喪失所有財產，對 Kerr 的資助也因此中斷。Kerr 老師的生活於焉陷入困境，甚至連我都成了他借貸的對象。

Kerr 老師來自南卡羅來納州的宗教家庭，父親還是一名牧師，但他卻沒有宗教信仰。例如，台北馬偕醫院及其附屬機構曾報告，向加拿大教會回報每一年的蠟燭使用量。當時 Kerr 就曾不以為然表示，一年的蠟燭消費量不可能那麼多。Kerr 雖然是牧師的孩子，但是對於教會的事務不甚關心，甚至表現得像無神論者一般。

厭倦了加州的生活之後，Kerr 後來移居到氣候與人情都更為熱情的夏威夷。但只要經過加州，Kerr 老師還是會聯絡我並一起用餐。

後來，住在台灣的姊姊與我聯絡，她說有國民黨的特務到台灣家中跟他們說：「告訴妳那個住在美國的弟弟（就是我），要謹言慎行些！」

我將這件事情告訴 Kerr 老師後，他對我說了句：「真對不起你！」此後，即使他再從夏威夷來到加州，也不再和我聯絡。

又過了數年，聽到關於 Kerr 的消息就是他在夏威夷過世了。

（2016 年 寫於加利福尼亞州 Orinda）

追記：曾經隨口向 Kerr 老師問起他當初來到台灣的緣由。他說他以前沒想過要來台灣，當初的計畫是從日本途經台灣，然後再到北京，但因為喜歡台灣，就直接留下來。

另外，關於 Kerr 老師的有名軼聞就是，二次世界大戰期間，Kerr 以情報軍官的身分進駐華盛頓特區，並在那裡將台灣的轟炸目標提供給軍方。有人說他當初是以間諜身分被派赴台灣，但事實應該是，他只是在戰爭爆發後被軍方徵召當情報軍官而已。至於，因為喜歡上台灣，所以就改變前往北京的計畫直接住了下來，也非常符合他喜歡流浪的性格。說他是被 CIA 派來台北的說法，應該不盡正確。我對美國的制度不是那麼清楚，但 Kerr 老師如果從戰前就和 CIA 有關係，戰後的他應該會有更好的退役待遇，經濟狀況也不至於頻繁陷入困境。而且 Kerr 對於胡佛的厭惡是明顯事實。因為住在台灣的家姊受到特務騷擾，使得我無法和移居夏威夷後的 Kerr 老師保持聯絡，實在令人遺憾。Kerr 老師一直是一位率直的人。

Kerr 出身於南卡羅來納州，父親是浸信會（Baptist）的牧師。Kerr 小時候在鄰居之間的名字是 Jack，雖然 Jack 不是他的本名，但他長大後還是繼續使用 Jack 這個名字。他不知道自己為什麼會變

成 Jack，猜想或許鄰居們就是喜歡這麼稱呼他而已吧！

有一次，我問他有沒有結過婚，他看了我一眼，然後在自己的胸前畫了一個十字架。這是我們唯一一次關於家庭生活的對話。

Kerr 曾經說，他有一位富裕的姊姊（或是姑媽），會不定期給予經濟上的援助，直到後來她遭到詐騙，損失大部分的財產為止。

Kerr 的生活儉樸，除了喝啤酒，沒有什麼其他奢侈的嗜好。Kerr 甚至沒有汽車，他曾經買過一台腳踏車，但後來在市區被偷。當他從灣區的半島那邊搬到奧克蘭（Oakland）時，還是我開 Volkswagen 廂型車幫忙的。

作者簡介 杜武豪

1928 年出生於淡水。在台北一中就讀四年（跳級一年）之後考上台北帝大預科，1950 年台大醫學院畢業。1953 年赴美從事醫療工作。除擔任加州大學醫學院副教授，同時任職於 Kaiser Medical Center 內科。《被出賣的台灣》日文版譯者蕭成美醫師是杜武豪台大醫學院同學。杜武豪醫師退休之後，成為專職畫家。

島國知音 台灣問題專家葛超智其人其事

第五章

與George Kerr老師
的見面與交流

杜祖健

與 George Kerr 老師見過兩次面，第一次是戰爭剛結束時在台北家門口，第二次則是他在史丹福大學胡佛圖書館工作的時候。第一次見面時，老師坐著吉普車來到我家。在戰爭結束不到幾天，就看到一名穿著敵國海軍制服的外國人突然來到家門，心裡的驚慌自是不在話下。但更令人驚訝的是，這個敵國人竟然用流利的日語問我說：「你爸爸在家嗎？」當時父親（譯註：杜聰明博士）尚未下班，所以驚訝之餘，我只告訴他爸爸還沒回來。

第二次見面大約是在 1956 年或 57 年。他還記得父親的長相，所以第一句對我說的話是：「你跟爸爸長得真像啊！」

Kerr 老師來過台灣兩次，第一次是戰前在台北高等學校擔任英語老師，第二次則是終戰後來台北擔任美國副領事。雖然前後時間加起來不超過五年，但他在台灣的知名度很高，許多台灣人都聽過他的姓名。

一、在日本從事美術研究

老師在學生時代與中國留學生有過接觸，從此對中國產生興趣，他當時還打算未來至中國留學。但當他終於有機會前來亞洲時，卻不知為何，選擇

先在日本停留。Kerr 老師在日本的停留期間是 1935
至 1937 年，這段時間，他對日本的美術產生興趣，
並寫出《Traditional Arts in Cotemporary Japan 傳
統藝術與當代日本》一書。但負責發行的出版社在
大戰期間遭美軍轟炸，存放的原稿也被燒掉，這本
書最終未能順利出版。前一陣子發現，筑波大學准
教授（associate professor）吉原ゆかり（YOSHIHARA
Yukari）老師發表了許多篇和 George Kerr 有關的研究
論文。之前在沖繩編輯本書的日文版時，來不及收
錄吉原老師的文章。這次有機會邀請吉原老師在台
灣版的第六章中詳述 Kerr 的日本留學故事和著作，
實在是一件令人高興的事。

　　George Kerr 在東京留學的時候，某一天接到
了一封來自台灣的美國友人信函。信函裡面說，這
位在台灣的美國朋友有事需要離職回美，如果 Kerr
方便的話，可否到台灣來接任他的職位。因爲這
封信，Kerr 開啓了他和台灣的情緣。從 1937 年到
1940 年，Kerr 在台北高等學校擔任英語教師，這
是他第一次來台灣。Kerr 第二次來台是 1945 年至
1947 年，這次的職位是美國駐台灣的副領事。雖然
待在台灣的時間前後不超過五年，但 Kerr 對台灣的
影響顯著，而且至今仍被繼續討論。Kerr 在美國出
版的《被出賣的台灣》一書，是他以台灣爲主題的

晚年的 George Kerr 老師（右），攝於夏威夷，比嘉辰雄博士提供。

有名著作。這本書曾被翻譯成中文。另外，由蕭成
美醫師翻譯、川平朝清先生校閱的日文版也於 2006
年在日本發行。

　　Kerr 老師在台灣時，除了擔任台北高等學校的
英文老師，也在台北高等商業學校，以及台北一中
兼課。我在日本統治時期就常常聽到父親提起 Kerr
老師的名字。但和他有比較進一步的接觸，則是要
等到在美國與他重逢之後。

　　戰爭結束後我聽父親說，Kerr 老師在戰前曾經
希望父親（杜聰明博士）帶他一起去爬山。但當時日
中戰爭已經發生，政府對外國人頗為忌諱，謹慎起
見，父親於是婉拒了 Kerr 老師的要求。

二、返美後

　　1941 年太平洋戰爭爆發，Kerr 老師隨即成為美國海軍的情報軍官。當時台灣為日本領土，而且是日本進行南方作戰的重要中繼基地。自從美國在瓜達康納爾島（Guadalcanal）反攻成功後，美軍陸續北上攻占南方各處島嶼，最後終於連菲律賓、台灣，甚至是日本本土都開始受到戰火威脅。當時的美國人都知道台灣是日本的領土，但對於台灣內部狀況有所了解的人則幾乎沒有。美國的太平洋海軍司令尼米茲（Charles Nimitz）曾計畫占領台灣，並將其納為美國的軍事統治區。為了在台灣進行軍事統治，美軍曾委託哥倫比亞大學進行為期一年的研究。這個研究的負責人就是 Kerr 老師。Kerr 老師是當時美國少數對台灣有了解的人，所以最適合執行這份工作。除了 Kerr 老師，一些來過台灣的美國、英國、加拿大傳教士，以及一些懂日語的日裔美國人，也都有參與這項研究。這項研究的結果後來被彙編成 10 本手冊，記錄台灣各地的狀況。在本書的第二章，林炳炎先生就有進行更詳細的介紹。令人意外的是，關於美國曾打算占領並統治台灣一事，知道的人並不多。我曾經向我的朋友，也是美國前海軍部長 Richard Danzig 先生提起此事，結果他

回答說，完全不知道有這種事情。當時因爲另一位將軍：麥克阿瑟，認爲台灣面積太大，不易快速占領，所以轉而進攻面積比較小的沖繩島。在沖繩被攻擊前，日本軍方一直認爲台灣會是繼菲律賓之後下一個被侵略的目標，所以還特地從沖繩調了兩萬名部隊移防台灣。也就是說，日本方面其實沒想到美軍會直取沖繩島。昭和 20（1945）年時，日本從滿洲的關東軍抽調出不少部隊至沖繩和台灣，如果不是美國後來開始大舉入侵沖繩，日本軍方本來還打算從沖繩運送更多大砲和戰車等重武器到台灣。

波茨坦會議之後，盟軍對日本提出無條件投降的要求，之後就是接連發生朝鮮獨立，以及中華民國侵占台灣這些事情。這一連串影響台灣和沖繩至鉅的結果，當初完全沒有人預期到。

三、台北大空襲

當年飛到台灣空襲的飛機，有些來自航空母艦、有些來自菲律賓的基地，有些則是來自中國的基地。我在此想描述的，是那場發生於 1945 年 5 月 31 日，規模最大、死傷最慘重的台北大空襲。參加這場空襲的，除了有 300 架 B-24 轟炸機，還有我第一次看到的 P-38 雙胴戰鬥機，以及護航的 P-51 戰

A08B522BG 5 15/A2 6V47 5-31-1221 24 11600' TAIHOKU

Results of the last mission in May

被轟炸中的台北市，美國軍機所拍攝。照片上半部冒煙的地方是台北一中，下半部冒煙的地方則是台灣總督府。其左方建築物是台灣銀行。台灣銀行雖然沒有燒起來，但整個二樓塌陷。空襲結束後我經過該地，看到台灣銀行的地板上掉得滿是鈔票。隔天再路過時，就看到憲兵持槍警衛，不讓任何人接近那些鈔票了。

鬥機。日本軍的防衛除了傳統的高射砲，磷彈也加入防空砲火。台北的市區遭到嚴重破壞，政府機關和軍事單位是理所當然的攻擊對象，日本人的商店街也成了轟炸目標，至於台灣人居住的地區則沒有

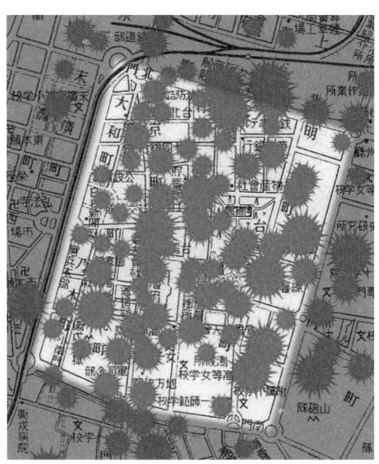

台北市區的日本人商店街，以及總督府、台灣銀行、台灣軍司令部等眾多政府機關，受到密集而徹底的轟炸。

在 1945 年 5 月 31 日台北大空襲中被破壞的台灣總督府。

明顯損傷。終戰後台灣開始有人謠傳，台灣人社區
沒受到破壞是因為 Kerr 老師親自指揮轟炸目標的結
果，例如 Kerr 曾經執教的台北高等學校就沒有受到
任何破壞。可以如此精確找出轟炸目標，一定是對

日本統治時期的台灣總督府，和上方照片相較，可以清楚對照出哪些地方受到破壞。

台北街道熟悉的人。而熟悉台北街道的美國人，就
非 Kerr 老師莫屬！

　　1956 年我到史丹福大學攻讀博士，得知 Kerr 老
師在胡佛圖書館工作，馬上前去拜訪。言談之中他
對我說，當時轟炸台灣的美軍飛機是從菲律賓的克
拉克航空基地出發。機隊出發前他有給予指示，指
出哪些部分是台灣人社區，要小心避開等等。所以
根據 Kerr 老師的敘述，他當時應該是沒有親自在飛
機上指揮轟炸。此外，終戰後他也跟熟稔的日本朋
友聊過，他有向轟炸機隊提起，不要炸到知名考古
學者金關丈夫老師的家。

四、第二次來台灣

　　Kerr 老師第二次來台的身分是，美國駐台領事館
的副領事。戰爭剛結束不久，Kerr 老師就穿著海軍制
服來到我家門口，而且用流利得驚人的日語問我說：
「爸爸在家嗎？」一位直到前幾天還是日本敵國的軍
人突然出現在家門口，對年幼的我來說是一件令人害
怕的大事。我回答他說，父親還沒有回家，之後他就拿
出一些珍貴的美國禮物請我轉交給父親，並說「請代
我向父親問好」，然後就坐著我第一次看到的吉普車
離去。

之後我才知道，Kerr 老師在戰爭時期是美國海軍的情報軍官，第二次來台灣的身分則是美國的駐台副領事。日軍雖然在戰爭初期迅速占領南洋多數島嶼，但 Kerr 老師深知日美兩國的國力懸殊，日軍最後一定會敗北。後來的戰況一如老師預期，到了 1945 年 8 月，日本終於向盟軍無條件投降。戰爭結束後，老師以駐台副領事的身分重回台灣。

Kerr 老師在台灣擔任副領事期間，台北發生二二八事件。事件發生後，反抗國民政府暴政的人民起義迅速蔓延台灣全島。事件的表面起因在於國民黨的警察取締販賣私菸的女性，打死圍觀的一名青年。但深層的原因則是在於，戰後來台的國民黨官員素質太差，他們不但歧視台灣人，而且來到台灣之後，像是強盜一般做盡所有貪汙舞弊的壞事。台灣人正為結束了五十年的日本殖民統治而歡喜，結果沒想到從中國來的官員和軍隊如此貪汙腐敗，和以前日本人的清廉執政完全不一樣，台灣人對祖國的美好想像完全破滅，成為二二八事件發生的主要原因。

當時台灣的行政長官陳儀，一面虛應事故地說以後會錄用更多台灣公務人員，會嚴懲取締私菸的警察，而且不會從中國調動援軍來台。不知道中國人欺瞞本性的台灣人，很容易就完全相信這些謊

言。數天後，從中國調來的軍隊自基隆登陸，隨即在台灣展開無差別的屠殺，讓台灣淪為殺戮戰場。當時被殺害的總人數至今仍未明瞭，從不同的統計結果顯示，介於兩萬至五萬人間。陳水扁先生擔任市長之後，將台北的新公園改名為二二八和平紀念公園，而且在公園內成立二二八紀念館，展示大屠殺的相關史料和證物。

當時在台擔任美國副領事的 Kerr 老師目睹大屠殺發生，憤怒的他以攝影機記錄國民黨軍隊在台北街頭屠殺無辜民眾的經過。在史丹福大學與老師見面時，他這麼說：「看到中國兵在街頭殘殺無辜的台灣人，我感到非常憤怒，於是向美國國務院報告了當時的真實狀況。我因此招致國民黨的記恨，有一次從山上開車下來時，差點被路過的卡車逼到懸崖下面。國民黨政府的陰狠可見一斑。」

五、美中的外交關係

二次大戰期間，中國因為與美國一樣，都是與日本對戰的國家，所以雙方有著同盟關係。因為這層關係，美國始終對蔣介石的國民黨政府保持友好態度。二二八事件期間在台北擔任副領事的 Kerr 老師，因為對於中國兵屠殺台灣人一事感到憤慨，所

以將台北街頭的屠殺情景拍攝成影片，並寄送給美國政府。Kerr 老師的行為激怒了蔣介石，蔣介石於是對美國施壓，將 Kerr 老師免職。Kerr 老師在台灣任職短短兩年後，於 1947 年離台返美。

除了 Kerr 老師，當時美國的政治與歷史學者，幾乎都理所當然地把台灣當成中國的一部分看待。只有 Kerr 老師認為，台灣與中國分離五十年，而且台灣人受過日本的統治和日本教育，已經和中國有很大差異。

在 Kerr 老師的所有著作中，《被出賣的台灣》是台灣人最熟悉的一本。但這本書當初要在美國出版的時候，因為被許多名人和歷史學者反對，遭遇很多困難。即使排除萬難終於出版，這本書在各地的圖書館，不是被失蹤就是被損毀，遭遇到國民黨政權爪牙的無情破壞。

當時麥卡錫主義（McCarthyism）橫行美國社會，許多人被視為左派之後就跟著被當成共產黨人而遭到排擠。因為美國政府與蔣介石政權有著友好關係，所以所有反對蔣介石的人都被視為是共產主義的同路人而遭受無情迫害。在當時那種氣氛下，Kerr 老師最後被迫離開胡佛圖書館的研究所。老師之後雖然轉往柏克萊加州大學進行琉球史研究，但還是持續擔心自己是否會遭到國民黨特務的狙擊。

Kerr 老師在撰寫《被出賣的台灣》一書時，曾請當時任職於舊金山加大醫院的杜武豪醫師幫忙校閱，並提供意見。這件事後來被國民黨特務探知，居住在台灣的杜醫師姊姊跟著受到國民政府的騷擾，並警告其弟不得再與 Kerr 老師往來。杜武豪醫師後來將此事告訴 Kerr 老師，老師因為不想造成杜醫師的困擾，於是從此沒有再和杜醫師聯絡。

六、與沖繩的關係

Kerr 老師之後移居夏威夷，並且在東西研究中

對少數民族文化有興趣的 Kerr 老師。

心（East-West Center）任職。老師後來持續從事琉球史的研究，一直到過世。

我個人是在 1989 年才知道，原來 Kerr 老師和沖繩有著深刻的關連，而且受到許多沖繩人尊敬。當時我以美國海軍代表的身分前往印度果亞參加一項美印兩國聯合舉辦的學術會議。我在會議上認識比嘉老師，並從而得知原來 Kerr 老師和沖繩有著密切關連，而且受到許多沖繩人的敬重。

關於 Kerr 老師和沖繩的密切關係，知道的台灣人並不多。沖繩有很多關於 Kerr 老師的文字記錄分散在不同單位。豐平朝美老師將這些分散的資料目錄記載入〈琉球図書館の歩み〉一文中。琉球大學的圖書館中有與老師同名的 Kerr 資料庫，這些沖繩相關資料是由不同的個人收藏者捐贈給大學校方。資料庫中的書籍，則是老師所捐出的部分個人藏書。台灣師範大學裡面，也有特別收錄的老師相關資料。

我和比嘉老師曾一起編著《沖縄と台湾を愛したジョージ・H・カー先生の思い出》一書，並由沖繩新星出版社於 2018 年發行，以紀念這位在兩個國家都備受尊敬的 George Kerr 老師。

1952 年，Kerr 老師在史丹福大學胡佛圖書館研究所研究琉球史時，擔任沖繩美國民政府副長官的

James Malcolm Lewis 准將得知 Kerr 的專長後，曾經邀請他至沖繩演講。1958 年 Kerr 老師出版《沖繩：島人の歷史》，更確立了他在沖繩研究的權威地位。老師 1992 年 8 月 27 日於檀香山逝世，享年 80 歲。過世前一年的 1991 年 7 月 2 日，沖繩的瀨名波榮喜先生曾至夏威夷訪問住院中的老師。老師當時的記憶力還很好，知道過去拜訪他的人是誰。

　　老師任職於柏克萊加大期間，比嘉幹郎先生當過他的室友。關於老師生活面的種種，比嘉幹郎先生在本書的〈我的室友 George Kerr 老師〉章節中有較多的描述。與老師長年通信討論琉球歷史的山口榮鐵先生和大城英一先生，也有參與本書的寫作。我的朋友比嘉辰雄先生在夏威夷從事博士後研究時，也常去拜訪老師。比嘉辰雄先生在老師過世之後，與我共同編著《台湾と沖縄を愛した　ジョージ・H・カー先生の思い出》一書。此書於 2018 年出版，在沖繩和台灣受到許多讀者的好評。

作者簡介　杜祖健（Anthony T. Tu）

　　化學家。科羅拉多州立大學名譽教授，前日本千葉科學大學客座教授。以毒物學和生物兵器、化學兵器的權威聞名於世。

　　1930 年在台北市出生，為藥理學者杜聰明醫生之三男。曾就讀台北市樺山小學校、台北一中；1953 年，台灣大學化學系畢業，之後渡美至美國聖母大學、史丹福大學、耶魯大學等校學習化學和生物化學，專長為與蛇毒有關之毒物研究。

　　曾任教猶他州立大學，1967 年起於科羅拉多州立大學執教（1998 年成為名譽教授）。2004年，於日本千葉科學大學所創設之危機管理學部擔任客座教授，同時擔任順天堂大學之客座教授。2009 年，因奧姆真理教沙林毒氣事件與相關之松本沙林事件，指導日本警察當局分析沙林毒氣之方法，表現傑出而獲得天皇頒發旭日中綬章。歷任日美和平文化交流協會理事。現任日本國際和平戰略研究所理事。

第六章

戰前的東京與台灣經驗

吉原ゆかり

（YOSHIHARA Yukari）

前言

從 1930 年代到晚年，George Kerr（葛超智）老師和台灣、沖繩、以及日本內地的諸多朋友都有豐富的交流。研究 Kerr 老師人生的同時，還可以透過這些人與老師的互動，來了解當時美國與亞洲的學術交流狀況。

Kerr 老師的人生非常精彩，但他在東京的留學經驗，以及戰前在台北擔任教師的過往，則是比較不爲人熟悉的部分，而這正是本章所要討論的主題。

一、東京留學時代

1934 年，Kerr 老師在就讀夏威夷大學研究所時，本來是以留學中國爲目的而開始從事亞洲研究。[1] 但在與東京帝國大學教授蠟山政道接觸後，他決定轉換研究方向。根據當時報紙的記載，蠟山的美國之旅是國際文化振興會所主導「文化交流外交」活動的一環，[2] 其目的主要是爲了打破「滿洲事件以來國際社會對日本的誤解」。

1　沖繩縣公文書館，GHK4C01023。
2　報知新聞，1934 年 5 月 9 日。

透過這則和 Kerr 老師有關的 1936 年的新聞報導，可以大略感覺那個時代的氛圍：

日本獎學金的幸運兒
熱心研究日本終獲回報的美國青年

十五歲在美國鄉下的故鄉對日本產生興趣後，就持續研究日本事務，且希望能至日本一遊的美國青年，獲得了國際文化振興會 1936 年度的獎學金，其研究熱忱終於有所回報。（以下省略）[3]

這個熱愛日本的美國青年 Kerr，來到日本後，持續受到注目，他到農村旅行的時候，新聞繼續做出如下報導：

美麗的日本　和諧的農村生活
好學的美國人參訪模範農村

種植花草、聆聽音樂，過著有情趣、有人性的日本農村生活非常美麗。昨晚在鄉間小路散步時，眼睛看到螢火蟲，耳朵聽到蛙鳴，這種難以形容的清新感覺

3　東京朝日新聞，1936 年 1 月 11 日朝刊 11 面。沖繩縣公文書館，GHK4B01001。

令人愉快。（中段省略）我看到的是親切又充滿人情味的日本人。

　　當時去日本留學的美國人，之後陸續成長爲執掌日美關係的人物。出席國際文化振興會主辦之日本文化演講會（1935 年）[4] 的美國講者，包括有 Hugh Borton、Charles B. Fahs、Edwin O. Reischauer 等人，他們日後都成爲主導日美關係的重要人物。而且這些人都和 Kerr 老師有深厚交情。

　　1935 年於東京舉辦的泛太平洋新教育會議的報告書中，有一篇 Kerr 所寫的文章，題目是「以新教育爲目標的 Rollins 計畫」。Rollins College 就是 Kerr 老師在 1932 年取得哲學學士的學校。當時 Rollins College 的校長 Hamilton Holts 是一位熱心推動美國與亞洲進行文化交流的人物。Rollins College 在 1920 年代曾接受過兩位來自日本的留學生。[5] Kerr 對亞洲的興趣，應該也是在 Rollins College 就讀時被啓發。[6]

4　KBS Quarterley 1.3 18-21.

5　https://blogs.rollins.edu/libraryarchives/2018/08/27/roll-ins-historical-link-with-japan/。

6　Kerr 的父親（Thomas Kerr）是長老教會的牧師。他父親在紐約的 Auburn Theological Seminary 就讀時，班上有一位日本同學。該位日本同學所送的日本玩具，讓 Kerr 從小就對日本感到興

Kerr 對亞洲各國和各地區成爲列強殖民地一事非常關心。他在東京留學時，曾分別與台灣、沖繩、印尼、朝鮮、中國、泰國、印度等各地的留學生見面，討論他們被英國、美國、法國、荷蘭，以及日本殖民的感想。[7] Kerr 日後會傾注關心台灣和沖繩的情勢，應該與彼時和殖民地留學生的交流有直接關連。

　　1936 年日本發生二二六事件（陸軍青年軍官們所發動的失敗政變。政變失敗後，日本政府急速往軍國主義傾斜）時，據說 Kerr 因緣際會從事件現場附近的建築物內，看到政變發生經過。[8] 該次事件後，Kerr 覺得日本政治已經越來越朝軍國主義方向發展。拿文化振興會獎學金來到日本的 Kerr，越來越不喜歡參加振興會舉辦的文化宣傳活動。Kerr 老師擔心自己如果繼續接受國際振興會的金援待在東京，可能會進一步成爲振興會的宣傳工具。也許是在這樣的擔憂中，他選擇離開東京，前往台北擔任教師。[9]

　　趣。該日本同學可能是笹生粂太郎。

7　沖繩縣公文書館，GHK2A06008。

8　沖繩縣公文書館，GHK3A01008。

9　沖繩縣公文書館，GHK4E01010。

二、在台灣擔任教師的時期

Kerr 後來到台灣的台北高等學校以及台北高等商業學校擔任英語教師（1937年8月1日至41年3月）。在邱永漢的小說《濁水溪》（1953）裡，有這麼一段文字：

Lloyd 是一位受歡迎的英語老師。這位身材削瘦、留著褐色頭髮的老師大約30歲。或許是因為專攻日本歷史，所以他會講流利的日本語。他不喜歡日本內地人學生，但卻願意和台灣學生敞開心胸的交談。[10]

這位 Lloyd 老師就是 Kerr 老師本人。《濁水溪》作者邱永漢（原名邱炳南）的父親是台灣人，母親則為日本人，他在台南出生，也是 Kerr 在台北高等學校的學生。除了邱永漢，邱的學長王育霖，以及父親（林茂生）[11] 在二二八事件時失蹤的林宗義，

---

10 邱永漢《濁水溪》（中央公論社，2002），kindle 版，第一章。

11 駒込武對於林茂生、林宗義父子與 Kerr 之間的關係，有著如下描述：「Kerr 雖然是副領事，但他在1930年代就曾於台北高等學校，也就是林宗義就讀的學校，擔任過英語講師。而且從那時候開始，就和林茂生算是熟識的朋友。」（駒込武《世界史の中の台湾植民地支配》，岩波書店，2015，p.690）。

都是 Kerr 在高等學校的學生。王育霖的同學還包括，出生於台灣，後來成為京都大學哲學教授的上山春平。[12]

Kerr 在台灣的時候，與世界級的語言學家淺井惠倫，南風原醫院的南風原朝保醫師，以及愛讀書的作家西川滿都有密切交流。台北帝國大學醫學部的金關丈夫除了是解剖學者，對於考古學、人類學、民俗學都有高深的造詣，而且還以林熊生的筆名寫過一篇以台灣為背景，叫做〈船上命案以及龍山寺曹姓老人〉的懸疑小說。金關在 1956 年前後寫過一篇題目為「回憶 Kerr」的文章。他將台北高等學校時代的 Kerr 老師描寫為外表是個「身形削瘦、不像一般美國人那般壯碩」的人，他對日本文化史有興趣，而且對於掛軸等日本藝術品的「鑑賞力遠勝過一般日本人」。[13]

沖繩的公文書館中收藏許多 Kerr 在台北教書時的照片。其中有些是台北高等學校成立第十年的慶祝會（1939）上，學生們上演話劇的照片。該齣

12　上山曾參加過 Kerr 在 1951 年提案舉辦的「東京大學、史丹福大學美國研究研討會」（參閱第七章）。上山會參加該次研討會，是不是和他在台北高等學校當過 Kerr 的學生一事有關，則尚未了解清楚。

13　金關丈夫〈カーの思い出〉，《琉球民俗誌》（法政大學出版局，1978），p.61。

話劇的名稱是「大陸的花嫁」，劇照中有台北高等學校學生男扮女裝演出的照片。「滿蒙開拓團」是日本殖民中國東北政策的一部分。在話劇演出的同一年，也有出現一部同樣叫做《大陸的花嫁》的電影，[14] 內容是描述隨著滿蒙開拓團嫁到中國大陸去的女性故事。台北高等學校的學生之所以會選擇上演這個題目的話劇，應該也是受到該部電影的影響。整體而言，都和當時的台灣社會對日本殖民中國東北一事普遍抱持肯定與期待的態度有關。

Kerr 在高等學校是一位有親和力的教師。台北高等學校新聞部的《台高》第九號刊物中，有一篇他自喻為桃太郎的文章，他上課的時候會用日語講笑話，也會在黑板上畫些類似龜兔賽跑之類的諷刺漫畫。Kerr 老師曾雇用一位叫做 Kuna（Ryu Sei-Kon）的年輕人幫他整理家務，平常也會教 Kuna 一些英語。為了恭喜 Kuna 在美國領事館找到工作，Kerr 也曾至 Kuna 家作客，Kuna 的姪女或外甥還幫 Kerr 描繪了一張人物畫像。看到這張畫像，會不禁為兩人親切和睦的關係發出會心微笑。該張素描目前收藏於沖繩公文書館中。

Kerr 老師也是積極關心種族問題的人。沖繩公

14 受到泉水英計老師的指導，在此表達感謝。

文書館中，有一封 Kerr 寫給英國 The World Review 雜誌的信。內容就是在抗議該雜誌對美國加州日裔移民所做的歧視性報導（1939 年 11 月 5 日）。Kerr 在該封信件說，英國會對納粹政權的猶太人歧視政策提出強烈抗議，但貴雜誌卻在同一時期，對加州的日裔移民做出惡意的扭曲報導，這實在是一件令人難以理解的事情。Kerr 曾以美國與亞洲間的種族文化交流研究者身分指出，日裔移民在美國因爲黃皮膚而被歧視，回去日本之後，又常被說成是不像日本人的假洋鬼子，甚至還被懷疑是美國派過去的間諜。Kerr 對日裔移民困境的描述，引起該族群的強烈共鳴。Kerr 老師以台北高等商業學校的校址爲通訊處，而且自稱是清楚了解「福爾摩沙島上的日本人與華人之間的種族問題」的人。[15]

Kerr 在 1941 年 3 月離開台灣，之後前往哥倫比亞大學從事亞洲研究。邱永漢在小說中，如此描述以 Kerr 爲藍本的「Lloyd 老師」的離別場面：

老師表明「我就要回美國去了」（省略）之後，十多位同學（引用者註：台北高等學校）在大稻埕一家叫做蓬萊閣的餐廳爲他舉辦送別會。宴席上，老師說

15　沖繩縣公文書館，GHK4E01008。

他對台灣的美麗回憶將永生難忘。（省略）老師與我們
之間建立的感情非常牢固。（省略）如果被外人知道我
們和老師聚會，可能會引起不必要的麻煩，所以老師
自己一個人提早（引用者註：離開宴席）回家。（省略）
Lloyd 老師離開台灣後，取道橫濱回去美國。老師離
開後，傳聞都說他是被當局強制驅離的。

即使只是一篇虛構的小說，還是可以看出 Kerr
老師與台北高等學校學生之間有著「充滿人情味」
的關係。

三、結尾

先前提過的金關教授對 Kerr 的形容是：「美國
第一的台灣專家。」戰爭結束，Kerr 重回台北後曾
向金關丈夫教授提起，他知道台北帝國大學的金關
教授和淺井惠倫教授家裡，收藏有很多珍貴的台灣
民俗文物，所以他特別指示前來攻擊台北的轟炸機
不可以炸到這兩位教授的住所。戰後的金關教授被
台灣當局留用，每日處在不知道未來會如何的氛圍
中。Kerr 老師在二二八事件後對國民黨政權提出嚴
厲批判，所以他後來與金關教授的聯絡方式是「只
能透過第三者用書信往來，因為 Kerr 這個名字在台

灣已成了禁忌」，金關教授留下如此的文字記錄。

　　本章節主要是針對 Kerr 老師過去較不為人知的東京留學和台北教學時期進行描述。如果透過這些文字可以讓 Kerr 老師的輪廓呈現得更為完整，那就是值得欣慰的事情。

葛超智在台灣任教時期和學生的合照。（台北二二八紀念館提供／典藏）

島國知音

台灣問題專家葛超智其人其事

作者簡介

吉原ゆかり（YOSHIHARA Yukari）

筑波大學教授（professor）。發表過《Postwar American Studies in Asia and Its Pre-History: George Kerr and Taiwan as American Frontier》（2021），〈1930年代～1950年代のジョージ・H・カーと環太平洋文化交渉の地政学〉（2016），〈『生蛮』オセロー——江見水蔭翻案・川上音二郎一座上演『オセロー』（1903）における日本人の外縁〉（2004）等。

第七章

對日美文化交流的貢獻

吉原ゆかり

（YOSHIHARA Yukari）

前言

　　這個章節將描述葛超智（George Kerr）老師對國際文化交流的貢獻。內容包括，Kerr 老師在亞洲舉辦的第一場美國研究講座（seminar）及其影響；還有 Kerr 早期所主辦的日本語夏令營中，除了找來昔日台北高等商業學校的學生當助教，還促成日本文學學者 Donald Keene 的誕生；以及 Kerr 與另一位日本文學學者 Seidensticker 在奄美大島與島尾敏雄的會面，間接刺激後者形塑出所謂的日本列島論（Japonesia）等。

一、亞洲第一場美國研究講座與 Kerr 老師

　　很少人知道，Kerr 其實是亞洲第一場美國研究講座（史丹福大學‧東京大學 American Studies Seminar，1950～1956）的提案人。曾深入參與此講座的嘉治眞三如此回顧：

　　　最初提議要舉行這個（東大的美國研究）講座的，是史丹福大學一位叫做 George Kerr 的人。（省略）因為哥倫比亞大學已經有一位在那裡任職多年的角田柳作日本人名譽教授，所以他就提議在史丹福大

學舉辦。[1]

　　二二八事件發生後的 1947 年 3 月，Kerr 老師被
迫離開台灣。經由上海、東京、夏威夷等地，最後
回到舊金山時，他的心中已經有了舉辦這個講座的
想法。[2]

　　講座檯面上的負責人是史丹福大學教授 David
Goheen，他與 Kerr 兩人之間有著深厚的信賴關係。
當 Kerr 老師的反國民黨立場開始危及他在胡佛圖書
館研究所的工作時，Goheen 和另一位日本史學者
Sir George Sansom，還是想盡辦法保護 Kerr 的職位
不因政治因素而受影響。

　　Goheen 曾在書信中表示，Kerr 老師遲早要繼承
Sansom 的學術研究，成為一名重要學者。[3] Goheen
在 1962 年以「史丹福大學・東京大學 American
Studies Seminar」為藍本，在台灣大學成立 Stanford
Center，也就是今天國際華語研習所 (International
Chinese Language Program）的前身。

1　嘉治眞三（口述者），嘉治教授還曆記念座談会「アメリカ研究と
　　私」《社会科学研究》16（6）（1965），p.209。

2　吉原ゆかり「1930 年代～ 50 年代のジョージ・H・カーと環太平
　　洋文化交渉の地政学」《文芸・言語研究》70 卷、pp.49-52。

3　1956 年 7 月 22 日，Goheen 寫給胡佛研究所主任的信件。Stan-
　　ford Center for Japanese Studies, Records, SC2065。

二、Kerr 與日本文學學者 Donald Keene 的誕生

　　Donald Keene 是著名的日本文學學者。Keene 年輕時之所以會選擇研究日本文學，與 Kerr 老師本人，以及 Kerr 在台灣的學生豬俁正，還有二戰期間在瑞士與日本做停戰交涉、戰後成為 CIA 東京分處長的 Paul Blum 等三人有密切關連。

　　1941 年春天的某日，Keene 正在哥倫比亞大學的東亞圖書館自習時，一位陌生人前來邀請 Keene 和他一起至中國餐館用餐，這位陌生人就是 Kerr 老師。Kerr 在餐廳告訴 Keene，他正打算在他們家位於北卡羅來那州的別墅中舉辦日本語夏令營，不知道 Keene 有沒有興趣參加。該次夏令營的語言助教（tutor）是由 1938 年自台北高等商業學校畢業的豬俁正擔任。[4] 豬俁在美國出生，祖籍是日本的宮城縣。Paul Blum（1898-1981）在橫濱出生長大，父親是法國籍猶太人，母親則是美籍猶太人。

　　Blum 後來至瑞士和美國讀書，經歷過納粹占領巴黎以及倫敦大空襲後，於 1940 年回到美國，並進入哥倫比亞大學就讀。Kerr 老師離台後那段時

4　《台北高等商業學校一覽　昭和十三年度》，p.117。

間，也在哥倫比亞大學的研究所專攻亞洲研究。包括豬俁在內，他們所有人的日語造詣都不算高，而且日語強化夏令營能發揮的效果也有限，但即使是如此，Blum 多年之後還是回憶說，那一年他度過了「最有意義的一個夏天」。[5]

Blum 的外甥 Robert Greene 將 Blum 所蒐集的眾多日本相關資料，全部捐贈給橫濱「橫濱開港資料館」的「Blum Collection」。Greene 在撰寫 Blum 的傳記時，曾經尋求 Kerr 老師的幫忙。《Blum Collection 書籍目錄》之中，有一篇由 Kerr 所寫，題目爲「蒐集書本和朋友的 Paul C. Blum」的回憶文章。Kerr 在這篇文章中提到當年的日本語夏令營。Kerr 寫說，北卡羅來納州那棟別墅附近的山區居民都是比較保守的人。所以他們對於環遊世界的 Paul Blum、紐約的都市男孩 Donald Keene，以及日本人豬俁等一行人到此舉行日本語夏令營一事感到驚愕。夏令營進行中的某一天，幾位美國海軍情報軍官出現在別墅的門口。

原來是當地居民覺得這幾個人形跡可疑，有可能是間諜。所以通報了政府當局，這幾個軍官就是

---

5 Robert S. Greene, Blum-san! (New York; Jupiter /RSG, 1998), p.61.

因應通報前來調查的人。[6]

　　Keene 後來回憶，「當年如果不是 Jack（Kerr 朋友們對他的暱稱）找我去參加那個夏令營，我可能就不會成為一個日本文學的研究者了。」[7] 1941 年 12 月 7 日，豬俁和 Keene 兩人出外郊遊，回來後驚訝得知日本攻擊珍珠港的訊息。豬俁雖然是美國出生的美國人，但還是害怕自己會因為日裔身分而受攻擊，所以那一整晚都躲在電影院度過。美日的戰爭爆發後，Kerr 老師以「台灣專家」的身分加入陸軍情報單位 Military Intelligence Service （簡稱 MIS，1942-1943），豬俁成為 MIS 的日裔美人翻譯部隊成員，Keene 則是進入海軍的日本語學校。Blum 後來加入戰略情報局（Office of Strategic Services，OSS），在 Allen Dulles（OSS 駐瑞士主任，後來成為 CIA 局長）的指揮下，在瑞士持續與日本海軍軍官藤村義朗，以及笠信太郎（朝日新聞社特派員）進行兩國間的停戰交涉。[8]

6　George H. Kerr, "Paul C. Blum: Collector of Books – Collector of Friends.",《ブルーム コレクション書籍目録　第一巻》，横浜開港資料館，1982，XIX-XXV。

7　Donald Keene, Chronicles of My Life(New York; Columbia University Press, 2008), Kindle, no.30.

8　有馬哲夫《「スイス諜報網」の日米終戦工作》（新潮社，2015）、pp.95-104。Greene 同前書，pp.165-241。

Blum 在 1948 年以美國駐日使館專員（attaché）的身分來到日本。[9] 當時他的身分其實是 CIA 的東京分處主任，但此一事實卻未被公開。他在東京定期召開集合日本重量級學者的「火曜會」，成員包括戰前促成 Kerr 至日本留學的蠟山政道、以及對美日文化交流有重大貢獻的松本重治等和 Kerr 有關連的人士。豬俣不幸因為游泳池意外而英年早逝，其他的 Kerr、Blum、Keene，以及 Seidensticker 諸人則一生保持密切聯繫。

和 Kerr 一樣喜愛書籍的 Blum，因為不忍看到捉襟見肘的 Kerr 為了經濟因素而拍賣藏書，曾經對 Kerr 提供慷慨的經濟援助。從 Blum 閱讀完《被出賣的台灣》（1965 年出版）一書後寫給 Kerr 的信件，可以看出兩人深厚的交情：

> 對於經過多年，你還是未能忘懷台灣的二二八事件一事，我真是感到驚訝。有些事情還是需要經過時間沉澱，經過時間的沉澱才能不帶感情地寫出事實，才能理出完整的脈絡，才能更客觀的進行寫作吧！我可以理解等待二十年的原因。

9　請參閱，春名幹雄《秘密のファイル 上》第三章，新潮文庫，2002。

過去的二十年裡面，你的內心應該是充滿痛苦，充滿糾結和掙扎。二二八是一定要被記錄下來的歷史事件，而你是唯一有能力完成此事的人。（省略）這本書不只是為了台灣島上受苦受難的人而寫，更是為了平撫你的心靈而寫。（省略）我知道，這些發生在台灣的事情，對你而言有異於平常的深刻意義。Jack，這是一件非常了不起的成就！[10]

三、與島尾敏雄以及 Seidensticker 的互動

從琉球大學收藏的「George H. Kerr 關係資料」裡面，找到小說家島尾敏雄以及日本文學者 Edward Seidensticker 於 1960 年在奄美大島的合照時，有一種不可思議的氣氛。同一批資料的另一張照片則是，站在船上將手中的別離彩帶丟出的 Kerr（由島尾 Miho 夫人拍攝）。[11]

根據島尾敏雄的日記（かごしま近代文学館；Kagoshima Modern Literature Museum 收藏），Kerr 和

---

10 1966 年 2 月 4 日，Blum 寫給 Kerr 的信件。Paul Charles Blum papers, Yale University, Series Association 2005-M-080.

11 Seidensticker 在自傳中都以「好友」稱呼 Kerr。E.G. Seidensticker，《流れゆく日々》（安西徹雄譯），時事通信社，2004 年，p.234、p.279、p.382、p.388。

島尾敏雄（左）與 Edward Seidensticker（右），1960 年攝於奄美大島。（琉球大學附屬圖書館所藏）

George H. Kerr 1960 年攝於奄美大島。（琉球大學附屬圖書館所藏）

Seidensticker 在 1960 年 9 月 4 日無預警出現在奄美大島。島尾敏雄還在日記中紀錄，Kerr 和 Seidensticker 除了接受島尾一家人的款待，他們兩人還在島尾的幫助下，在島上進行許多收穫豐富的調查。

島尾將日本列島－奄美大島－沖繩群島－台灣等島嶼做成串連的集合體，並將其命名為「Japonesia」。根據鹿兒島近代文學館工作人員吉村彌依子的研究，島尾「第一次在日記中紀錄 Japonesia 這個字是在 1960 年 9 月 6 日，而且是在與來訪的 Seidensticker 對談時所想出來」。[12] 這是「Japonesia」這個概念的誕生與 Kerr 和 Seidensticker 有關的證明。

島尾覺得 Kerr 是個容易親近的人。日記中還寫著，「Kerr 先生和叔父一樣，喜歡把手帕掛在腰帶上」（叔父是指島尾夫人 Miho 的叔叔，長田廣先生），「Kerr 先生講話的時候總是細聲細語」。Kerr 還送了一本他的著作《Okinawa》給島尾，島尾的感受是，「這是愛沖繩的人才寫得出來的書，Miho（ミホ）和我都非常感謝」（9 月 23 日）。Miho 夫人親手

12　かごしま近代文学館更新特別企劃展「島尾敏雄展～ Diary of Toshio Shimao」（かごしま近代文学館、平成 23 年 10 月 14 日（金）～ 11 月 13 日（日））。

做料理款待 Kerr，離別的時候，「Miho 一直揮舞著
手電筒，Kerr 先生也在船上揮舞小燈泡回應。在一
旁的伸三說，媽媽不要再揮舞了，Kerr 先生的手也
是會累的！」充滿溫馨的回憶。

　　雖然互動過程溫馨，但島尾對於代表檀香山美
術館（Honolulu Museum of Art）琉球考古、文物調查計
畫的 Kerr 老師仍難免帶有戒心。當時的沖繩仍屬美
國管轄，且距離奄美大島回歸日本（1953 年 12 月 25
日）也不過只有六年的時間而已。由島尾擔任館長
的鹿兒島縣立圖書館奄美大島分館的前身，其實就
是美國統治時期成立的奄美琉米文化會館，即使當
時已經由島尾擔任館長，但還是無法完全去除美國
強勢文化外交的影響。島尾曾經以「日語、英語夾
雜」的方式，與 Kerr 討論沖繩的歷史與日本列島、
玻里尼西亞之間的關連（9 月 24 日）。Kerr 老師曾建
議島尾至夏威夷和那霸的琉米文化會館（兼具反共宣
傳性質的機構），以奄美大島的歷史爲題進行演講。
島尾雖然認爲 Kerr 是一個親切的人，但心裡面多少
還是懷疑對方是不是企圖將自己當成配合美國宣傳
的工具。

　　島尾對 Kerr 老師的疑慮並不是完全沒有根據。
沖繩公文書館的 George H. Kerr 文獻裡面，就有一
則 Kerr 寫給洛克斐勒基金會（Rockefeller Foundation）

人文部長（Director of the Humanities Division）Charles B. Fahs 的島尾相關備忘錄（GHK1F06002）。Fahs 和 Kerr 兩人都是 1935 年至東京留學的學生，兩人從那時候開始就保持聯絡。Kerr 在備忘錄裡說：

> 島尾不但是日本知名的作家，而且他還是備受奄美大島島民尊敬的當地圖書館長。島尾是一名自由派的天主教徒，如果可以邀請他到沖繩演講的話，應該可以緩和那些批判美國沖繩統治的日本左派知識份子的影響力。

　　1963 年，美國國務院曾經邀請島尾至美國本土、波多黎各、夏威夷等地訪問。島尾在夏威夷的時候，曾由 Kerr 老師開車，載著島尾和 Seidensticker 老師一起訪問早期日本墾殖移民們的住宅。島尾還在那裡親身觀察到，因為 Kerr 老師和坂卷駿三老師在 Frank Howley Collection 一事上的對立，導致檀香山當地的知識圈也跟著分裂（島尾敏雄日記，1963 年 6 月 11 日）。島尾繼續在 1964 年 11 月訪問沖繩本島、宮古島，以及石垣島。

　　至於島尾與 Kerr 交流後，是否影響島尾自己對於沖繩的看法一事，則還需要更進一步探討。

　　本文所描述的是 Kerr 在國際文化交流上所扮演

的角色，相較於 Kerr 在台灣和沖繩所直接參與過的
那一段歷史，這些事情或許看起來有點瑣碎。但如
果要進一步了解 George H. Kerr 老師這個人，這些
過往就應該值得我們探究了！

作者簡介　**吉原ゆかり（YOSHIHARA Yukari）**

　　筑波大學教授（professor）。發表過《Postwar American Studies in Asia and Its Pre-History: George Kerr and Taiwan as American Frontier》（2021），〈1930 年代～1950 年代のジョージ・H・カーと環太平洋文化交渉の地政学〉（2016），〈『生蛮』オセロー——江見水蔭翻案・川上音二郎一座上演『オセロー』（1903）における日本人の外縁〉（2004）等。

第八章

我的人生導師
— George H. Kerr

川平朝清

台北高等學校

　　舊制台北高等學校是我的母校。那是一所七年制的高等學校，而我則是從相當於中學校的尋常科開始就讀。當時是昭和 15（1940）年，我的年紀是十二歲。高等學校的校舍完成於大正 15（1926）年，是堅固的紅磚建築，目前仍被國立台灣師範大學繼續使用。

　　日本第一所高等學校出現於明治 27（1894）年，其前身是東京大學預科，而東京大學預科則是由 1887 年成立的東京英語學校以及開成學校合併而成。由於校名爲「第一高等學校」，所以同級的學校一開始又被稱爲 Number School。

　　第一高等學校成立之後，以數字爲校名的高等學校在其他都市陸續成立。最後一所數字高等學校是岡山的第八高等學校，時間是 1918（大正 7）年，也是第一高等學校成立後的第二十四年。

　　第一次世界大戰之後，隨著社會的景氣，越來越多人想要接受高等教育。因應這股需求，1919（大正 8）年新成立新潟、松山、松本、山口四所高等學校，隔一年的 1920（大正 9）年成立水戶、佐賀，再隔一年（1921、大正 10）又陸續成立松江、弘前等新的高等學校。

葛超智（坐者）和學生合影。（台北二二八紀念館提供／典藏）

　　1921 至 1929 年之間，新高等學校令發布後，新的公立（譯註：與之前的國立不一樣）、私立，以及中高一貫的七年制高等學校跟著成立。七年制的高等學校有三所是公立，四所是私立。台灣總督府立台北高等學校，就是其中的一家公立七年制高等學校。

　　高等學校的中學部又稱為尋常科，修業期間為四年，每年招募 40 名新生。我入學的那一年，大約有 380 人投考。

　　我們學校的學生帽是黑色，滾有兩道白線，衣襟上面有 P（primary）字的標章，夏天的制服是黑

白夾雜的花灰色，冬天的制服爲黑色。和其他穿卡其服打綁腿的一般中學制服相較，我們的制服提早帶有高等學校的色彩，看起來也更有成年人的成熟感。

Kerr 老師

我們的教師幾乎都由高等科的教授兼任，課程內容相當紮實。同班同學大多是來自不同小學的優等生，上課時也都勤於發問。

學校中有一位外國老師就是 George H. Kerr。Kerr 老師授課前先用片假名在黑板上寫出自己的名字「カール」，學生們因此跟著用 Kerr 的日本式發音來稱呼他。

當時日中戰爭已經進入第三年，社會上盛行各種國族主義的儀式，類似〈紀元兩千六百年〉之類的歌曲也常聽到。不久後，日本軍隊實質占領法屬北越，隨著日、德、義三國同盟成立。即使是在殖民地的台灣，也可以感覺到日本與英美之間日益緊繃的氣氛。

不管外面的環境如何變化，高等學校內還是一樣充滿自由、自治的精神。我們繼續用「カール老師」稱呼他，而老師也繼續受到學生歡迎。第一次

看到 Kerr 老師，是我到隔壁學長們的教室旁聽英語課的時候。Kerr 老師將浦島太郎畫在黑板上，然後開始解釋 on、over，以及 under 等前置詞的用法。令人驚訝的是，我到現在竟然還能清楚記得當時的上課內容。令人遺憾的是，當我升上二年級，準備進一步向 Kerr 老師學習他的母語－英語時，老師竟然已離開台灣。這時的英語會話老師，變成義大利籍的 Arundel Del Re。Arundel 老師據說是牛津大學的畢業生，因為當時日、德、義三國有同盟關係，所以義大利籍的老師得以繼續居留在台灣。

後來我才知道，原來 Kerr 老師在來到台灣之前曾經於東京住了兩年，而且在東京大學和早稻田大學進行過研究，1941（昭和 16）年 12 月還出版過一本叫做《Traditional Arts in Contemporary Japan》的書籍，是一位學有專精的學者。Kerr 老師居留台灣期間，還繼續與台北高等商業學校的鈴木源吾博士一起進行台灣歷史、文化的相關研究。因為這層緣故，Kerr 老師對台灣的了解，甚至比我們這些在台灣出生長大的「灣生」們還要清楚。

Kerr 老師有一則到現在還被傳聞的軼事。老師有一次和學生們一起去爬台北近郊的觀音山，當他們經過一座寺廟的時候，老師問當地的台灣人：「ここは何宗ですか？（這是什麼宗派的寺廟？）」結

果當地的台灣人回答：「ここは台北州ですよ！（這裡當然是台北州啊！）」這段對話後來經由同行的學生們傳開。至於我和老師最初的互動則是，在之前提到的旁聽課程結束後，他曾走到我的身邊說了兩句鼓勵的話，我至今仍記著這件事情。

1940（昭和 15）年底之後，Kerr 老師就不再出現在校園。在那個年代發生這種事情，學生之間就煞有其事開始傳聞：「老師也許是間諜！」

戰爭結束後的台灣

在我升上高等科，一年級快要結束時的 1945（昭和 20）年 3 月，台北高等學校全體師生被徵召加入大日本帝國陸軍。

接下來的日子，我們先被派去海邊挖戰車壕，又到台北市東邊的山上挖散兵坑，之後又接受近距離攻擊戰車的訓練。8 月 15 日得知終戰的消息，但是到了 8 月 29 日，所屬的部隊才終於解散，我們也才得以從山上下來。

台北高等學校重新開學後不久，Kerr 老師就穿著美國海軍制服重新出現在校園。當時他是以美國駐南京大使館副武官的身分來到台北，準備出席盟軍在台北的受降典禮。

1945 年 10 月 25 日，受降典禮的文書交換兼簽字儀式在台北市的公會堂舉行。日本方面的代表人是安藤利吉總督兼陸軍司令，中華民國的代表是行政長官陳儀，台灣人的代表是林獻堂，盟軍代表則是 Parker 上校。

後來得以和 Kerr 老師再度相認，記得是因為老師看到我穿戴著高校的制服和學生帽，所以他主動對我打招呼。

緊接著進行的就是日本人的引揚工作，1945 年 12 月 25 日，第一批離開台灣的是日本軍第九師團第七聯隊官兵。

接下來，就是被國民黨政權改稱為日僑的日本內地人也陸續離開台灣。沖繩地區之前經過三個月激戰，整個島嶼幾乎成了廢墟。在台灣的一萬五千名沖繩人被改稱琉僑，且因為美軍拒絕支援引揚工作，許多沖繩人被困在台灣。受困的沖繩人找不到工作，生活陷入困境。

一開始，美國的駐台北領事館以引揚工作非其職責為由，拒絕介入。後來還是拜副領事 Kerr 老師的幫忙，用各種關係動用美軍資源，沖繩人的引揚業務才終於從 1946 年 4 月開始進行。

因為家兄朝申在沖繩同鄉會聯合會擔任幹部，所以我們家族一直等到最後一刻，才隨著最後一班

引揚船離開台灣基隆。就在引揚前夕的 1946 年 12 月 24 日聖誕夜，Kerr 老師給了我一張副領事的名片。上面除了有他在美國的聯絡地址，還寫著下列的文字：

朝清君

　道別的時刻終於來到，祝福你可以迎接新而成功的人生。如果有機會的話，我會毫不猶豫向美國軍政府推薦你這樣優秀的人。

George Kerr

　直到現在，我仍謹慎保存著這張名片！

沖繩的新生活

　引揚回沖繩後不久，我在台北高等學校接受的英語教育立刻顯現出成果。因為學過英語，所以很快在沖繩民政府（譯註：即美國軍政府之沖繩人民對口機關 OCA－Okinawa Civil Administration）文化部東恩納博物館找到工作，負責文書和口頭翻譯。從事工作期間，我還從大嶺薰館長那裡學到許多關於沖繩的工藝品和民藝品的知識。因為常需要向美國的軍人、

職員，以及他們的眷屬說明沖繩的歷史和文化，有許多機會實際磨練英語會話能力。

來不及向 Kerr 老師報告找到新工作，我就聽到台灣發生民眾起義並引發全面衝突的二二八事件。接下來又連番接到國民黨軍在台灣進行鎮壓和大屠殺，因為不知道如何和老師聯絡，除了擔心，也不知道該怎麼辦。

之後間接聽到關於老師的消息是，因為他持續向華盛頓當局報告國民黨政府在台灣的種種惡形惡狀，所以招致蔣介石政府的嫉恨，從此被迫離開台北。

琉球的歷史

1947 年我在博物館認識了桑江軍營診療所的 Edward 醫師。Edward 醫師得知我在台北高等學校讀生物學的時候有使用過顯微鏡，於是就聘請我當臨床檢驗助理，開始到他的診療所工作。

記得 Kerr 老師是在 1949 年的時候來到沖繩。我和他一起坐著軍政府的吉普車，訪視了被破壞後的首里城和玉陵（たまうどぅん）等地。當時史蹟的慘狀，至今還無法忘記。

例如，我們到達靈廟時，石門已經被撬開，石

棺的蓋子掉落一旁,裡面的國王遺骸竟然就暴露在外。當時距離戰爭結束已經四年,但王室的陵寢竟然還是放任著被隨意竊盜。老師當時那種悵然若失的神情,深深烙印在我的腦海中。

當時我的兄長川平朝申正為成立新的廣播電台而忙碌,在他的建議下,我放棄了原本當醫師的夢想,決定改往廣播、電視這一專業發展。1950 年 2 月 1 日,AKAR(後來更名為 KSAR)正式開播。

1952 年 Kerr 老師再度前來沖繩時,他的新職位是加州史丹福大學圖書館胡佛研究所的研究員。這次是在琉球群島美國民政府的邀請下,接受國立太平洋調查研究機關的派遣,為了編撰琉球史而前來從事學術調查。

我忙到沒有空閒的時間可以問他:「為什麼要從事沖繩的歷史研究?」只記得我和專攻歷史的哥哥朝申兩人,忙著幫他進行調查工作。台灣出生長大的我雖然也聽過父執輩講過一些關於沖繩的歷史,但還是多虧有機會充當 Kerr 老師的助手,我才得以從他那裡學得更多沖繩的歷史知識,而且還有機會和他一一尋訪那些受到戰火摧殘過的史蹟。

1956 年 Kerr 老師遷居至夏威夷,並且在當地的 Bishop 博物館任職。同一年。美國民政府出版了 Kerr 老師所著《琉球的歷史》的日文譯本。這本書

在沖繩研究者之間的稱呼是「紅皮書」。此一譯本是在原著者、原編輯者都沒有過目也沒有被知會的情況下就逕自印行,然後發行了第一版之後就沒再加印過。

當時我已經在密西根大學留學,我讀到的紅皮書,記得是哥哥從沖繩郵寄過來給我的。關於留學的事情,我也受到老師的幫忙。老師本來推薦我到他當時任職的史丹福大學念書,但由於密西根大學有自己的廣播電台和電視台,所以我最後還是選擇密西根大學。

當時沖繩的留美學生在開學前都會先去奧克蘭市的 Mills College 接受新生訓練(orientation)。奧克蘭和史丹福大學所在的 Palo Alto 距離不遠,所以他曾經邀請該年度的全部留學生去他家作客。

說明會結束,準備出發往密西根之前,老師帶著我們四個留學生前往奧勒岡州旅行。我們開車沿著長有紅色巨木的加州海岸北上,對於四個即將前往美國內陸中西部密西根留學的青年而言,這趟旅行為我們內心注入了最強大的能量。

1957 年秋天,我結束四年半的美國留學,準備回返沖繩。當時我正與研究所時期認識的妻子 Linda 論及婚嫁,我承諾 Linda 先到沖繩與我的母親和兄弟見面,確認自己可以在美國占領下的沖繩與當地

人結婚並生活之後，再確定是否要舉行婚禮。

由於我是美國政府補助的 GARIOA（Government Appropriation for Relief in Occupied Areas）公費留學生，所以需要按規定，搭乘指定的交通工具回沖繩。行程就是來美時的相反方向，也就是從舊金山坐軍用船，經由橫濱，然後再回沖繩。而妻子則是搭乘舊金山經由檀香山，然後再到橫濱的美國總統郵輪（American President Lines）。

妻子出發之前，我寫了一封信給 Kerr 老師，希望他能到碼頭去迎接過境的妻子，並說些鼓勵她的話。船隻到達夏威夷的那天，Kerr 老師真的就站在碼頭上，一一詢問下船的女性乘客。當時與妻子同行的，是準備到印尼去和外派傳教士結婚的大學同學。妻子和同學兩人，因此坐上 Kerr 老師的車子，除了在歐胡島觀光了一圈，還被老師招待了一頓晚餐。妻子事後回憶說，她從沖繩權威學者 Kerr 老師那裡，聽到了許多關於我和川平家族，以及沖繩的種種之後，原本不安的心情就平靜下來。妻子從老師那裡得到很多鼓勵，也變得更有精神。

1958 年，Tuttle 出版社印行了老師的著作《Okinawa: The History of an Island People》（沖繩：島人の歷史，山口榮鐵翻譯），哥哥朝申和我的名字都被寫入作者的感謝名單。本書發行至今已經有 58

年，但是在英語世界中，可以勝過本書的沖繩歷史著作仍未出現。山口榮鐵先生將此書翻譯成日文，並已在 2014 年 4 月出版。可以將超過六百頁的此書完全翻譯完畢，山口先生的翻譯熱情和成就真是令人佩服。

對台灣的愛

老師一邊往返夏威夷，一邊在加州大學（柏克萊）和史丹福大學進行教學、研究，期間還出版了兩冊和台灣有關的書籍。老師在 1965 年出版了《被出賣的台灣》一書，書中記錄了國民黨政府接收台灣之後的一連串貪汙、腐敗，乃至於二二八事件和全島起義的發生。書中還提到，面對二二八事件後的自治要求，國民黨政府是用鎮壓、逮捕、刑求、屠殺來回應，除了嚴厲批判中國政府的殘暴外，對於華盛頓當局沒有採取適當因應對策，也有徹底批評。

國民黨政府當然沒有坐視此書的發行。他們立刻動員華盛頓的中國遊說團（China Lobby），對老師進行人身攻擊，將老師徹底排擠出美國的國務院。

書籍出版之後，老師立刻郵寄了一本新書給我。可惜那時我除了忙著在沖繩建立公共廣播頻道

外，同時還要處理三家商業廣播公司的整編事宜，
每天都忙得不可開交，實在沒有餘暇可以閱讀這本
厚達 500 多頁的大作。

　　不久之後，我收到華盛頓大學醫學院教授、也
是我在台北高等學校理科乙類同學蕭成美博士的信
件，信件的內容提到：

<blockquote>
看過 Kerr 老師的書之後才知道，終戰後台灣的
日本人陸續引揚回國的同時，你們沖繩人卻因為被
迫滯留在台灣，在那裡經歷了許多苦難……
</blockquote>

　　看完信件之後，立刻查閱了書中的相關內容。
書裡面提到，戰時疏散至台灣的一萬四千九百零六
名沖繩人，因為美軍拒絕處理而滯留在台灣，經
歷了很多痛苦。繼續讀完整本書之後，對於做為歷
史學家老師的驚人記憶力，以及過人的資料收集能
力，更是由衷佩服。經由這本書我才知道，原來我
在台北高等學校的同學、學長，以及後輩，竟是在
戰後經歷了那麼多的災禍和苦難，而且更多人因此
喪失了性命。

　　在書籍出版前的 1961 年 7 月至 8 月期間，我曾
受邀至國立台灣大學擔任電視研討會（TV Workshop）
的講師。相隔十五年回到台灣，看到的就是全島處於

英語版《被出賣的台灣》的封面。　　　日文版《被出賣的台灣》的封面。

嚴厲的軍事戒嚴中。同學們也事先告誡說，不要攜帶
類似《世界》或是《中央公論》之類的雜誌來台。

　　同學們為我在北投溫泉區的「別有天」餐廳（日
本時代的「桔梗」料亭）舉行歡迎會。歡迎會的地點
是由當時的北投衛生所主任李發順同學所選擇。該
餐廳的座位為傳統日本式，菜單則是日、台融合的
料理。但最重要的還是，餐廳位於特務們不會注意
到的地點，所以久別重逢的同學們可以在裡面盡情
地歡唱日本歌曲和以前的校歌，一起度過快樂的一
晚。同學們敘舊之餘，並沒有多說經歷過的慘事，
也沒有討論彼時的政治狀況。

當時的同學們正值意氣風發的三十多歲後半，看著他們分別活躍在學術界、醫界、企業界，我離開台灣的時候還是相信，肅殺的戒嚴終究會結束，光明一定會來臨。但沒有想到，台灣的民主化竟然還要多等三十年才實現，戒嚴狀態也是等到 1991 年李登輝總統（台北高等學校大四屆的學長）正式掌權後才結束。

《Formosa: Licensed Revolution and The Home Rule Movement, 1895~1945（台灣：認可的革命與自治運動）》是 Kerr 老師所寫，關於台灣的第二本書。這本書出版於 1974 年，距離前一本書《被出賣的台灣》的發行已有九年時間。這本書的寫作用心，討論的內容是台灣在日本殖民時代各個不同時期的歷史。Kerr 老師以歷史學家的觀點，檢視日本這個征服者統治台灣的功過，對於台灣人為了爭取自治，流血流汗地發起社會運動的過程更是有詳盡描述。

對於在台灣出生的我而言，這本書無疑又是一大震撼。看過書後才知道，原來在被稱為蓬萊島的這片土地上，竟是有一群因為他人的犧牲才得以舒適生活的特權階級存在。

閱讀過內容之後，慚愧之餘，更能體會為什麼老師會寫上「照亮你過往人生的幽暗面」這句贈詞給我了。

對沖繩的關懷與忠告

　　1972 年，隨著沖繩統治權回歸日本，我的工作也跟著轉移至 NHK，一家人因此遷居東京。之後我們頻繁往來東京與夏威夷之間，家裡三個孩子有幸都在老師的薰陶下成長。

　　沖繩回歸日本前的 1970 年，老師相隔六年訪視沖繩、宮古，以及八重山群島。 1960 至 1963 年，老師曾在這些地區進行全面的文化、史蹟調查，該次重訪是為了追蹤上次列冊的那些古蹟和文化資產，是否都有受到該有的重視和維護。

　　老師對該次的追蹤結果感到失望，緊接著糾正「文化財保護委員會」的作為。老師還說，1972 年將是「廢藩置縣」的第一百年，為了面對將來可能出現的變故和挑戰，沖繩更應該努力珍惜並反思過去的歷史才對。

　　老師在同一年 6 月 9 日至 7 月 21 日，以「沖繩旅行回想記」為題，於沖繩時報上連載 26 篇文章。老師在文章中提到，沖繩回歸日本之後，許多在地的議題也會跟著國際化，而關於這些問題，卻是由和沖繩沒有直接關係的東京和華盛頓當局，以及沒有沖繩人當代表的評議會之間來協商解決。這些單位的人，真的關心沖繩在地的問題嗎？和當時沖繩

人的平順態度相較，老師如果看到目前縣民和縣知事聯合起來抵抗東京和華盛頓的決策，從 1996 年到現在的 20 年間持續反對普天間基地遷建邊野古一事，他一定會感到驚訝吧！

Kerr 老師在文章的連載中也指出，沖繩和夏威夷一樣，都是深具觀光資源的地方，而且從多樣性的角度來看，宮古島和八重山群島，甚至比沖繩本島更具開發的潛力。

在人才方面，老師指出，二次戰後沖繩已經有三千多人在日本政府獎學金的支援下，從內地的大學畢業歸來。此外更有千人以上在美國陸軍的獎學金援助下，於美國的學校取得學位。回歸之後，沖繩應該讓這些人更有機會貢獻所學才對。

延續人才的話題。琉球大學是在美國人與沖繩本地人的合作之下所創設，所以不管是組織、政策，或是學術研究的理論，都深受美國影響。在掌控學術行政的日本教育官僚們的眼中，琉球大學就像是個「混血兒」般的異質性存在。老師還建議，琉球大學今後若想要獲得日本政界和學術界更多的尊重和關心，就需要在專業程度上繼續提升。不知今天的琉球大學，是否已經發展成老師當年理想中的學校？

繼承老師的遺志

　　1989 年夏天，內人與我聽到老師因為身體不適裝了人工節律器之後，我們一起飛到夏威夷的居所探望他。老師當時 78 歲，說話的聲音雖然沙啞，但對話內容還是非常清晰。該年六月，我接受沖繩時報的邀稿，以「我的老師」為題，撰寫介紹 Kerr 老師的連載文章。該次的夏威夷行，我特地帶了一份文章的影印本給他，並請老師校閱關於他的資歷介紹是否有誤。

　　在那一次會面的談話中，最有趣的話題還是，老師說到他 1930 年代在夏威夷大學的研究所念書

1989 年 7 月 28 日，於夏威夷檀香山。

時，認識了蠟山政道教授，並因此開啟了他的日本研究之路。在蠟山教授的介紹下，1935 年起，老師到東京留學兩年，並寫出一本名爲《Traditional Arts in Contemporary Japan》的書籍。老師當時年紀爲26 歲，全書的內容有 399 頁，原本預計在 1941 年12 月由北星堂出版，甚至連校對稿都已經印刷好，但最後還是因爲日美開戰而無法上市。我曾經在老師那裡看到該書的四校稿，是一本非常用心寫成的書籍。

這是和老師最後一次的會面，四年後的 1992 年8 月 28 日（譯註：日本時間），老師以 80 歲的年齡過世。

老師過世後的 1994 年，我到西雅圖出差的時候，與華盛頓大學醫學院教授，也是台北高校時期的同學蕭成美教授見面。蕭教授對我說，他之前已經獲得 Kerr 老師的同意，要將《被出賣的台灣》一書翻譯成日文出版，關於日語的校閱可否請我幫忙？我回答他，這也算是幫忙完成老師的遺願，除了校閱，我還可以代爲尋找願意發行的出版社。

該書分成 4 部分 22 章節，是厚達 514 頁的大作。蕭教授每完成一個章節之後就將原稿郵寄過來，三年後的 1997 年終於完成全書的翻譯工作。譯文寫在每張有 400 格的稿紙上，總共有 1,100 張。

蕭教授自稱是即將消失的「日台裔」美國人，日常還是保持著閱讀日文書籍和報章雜誌的習慣。書籍譯稿的文字內容精確，幾乎是達到強迫性的程度。由於書籍的翻譯內容精確，我幾乎沒有做到什麼「校閱」的工作，有的只是在教授翻譯過程中，給予適度建議而已。

蕭教授是在 1954 年的時候前往美國。當時的台灣正處於風聲鶴唳的軍事戒嚴中，在「白色恐怖」的殘酷暴政下，人民遭到無情打壓。蕭教授當年離開台灣的時候，心中充滿著憤怒自是不難想像。在這樣的心情下，當蕭教授於 1960 年代初期得知 Kerr 老師正在撰寫這本書籍時，自然是義不容辭伸手支援。但從當時國民黨的爪牙仍在美國各地頻繁蠢動的情形來看，蕭教授應該也是帶著相當的決心才可以和老師共事吧！

做為校閱者，我為本書寫下如此的結尾：

明年的 2007 年是二二八事件的第六十週年，也是 Kerr 老師在 1992 年過世後的第 13 年。本書在英文版發行了 41 年之後，終於有日文譯本問世。

本書除了彰顯老師是「一位有良知的人」外，更是對那些在二二八事件中犧牲，為李登輝 (台北高

^{校畢業生}）**前總統帶領的民主改革奠定深層基礎的台
灣菁英們的安魂書。**

今年（譯註：2016）是 Kerr 老師的 105 歲冥誕，
明年的 2017 年則是老師逝世的第 25 週年，也是
二二八事件發生後的第七十年。

作者
簡介

川平朝清

1927 年台灣台中市出生，成長於沖繩，前
美國軍政府日語電台播音員，前沖繩放送協會
（OHK）會長，日本放送協會（NHK）經營主
管。昭和大學名譽董事、名譽教授（2011～）。
目前居住於東京都。

島國知音

台灣問題專家葛超智其人其事

第九章

對沖繩的感情

瀨名波榮喜

根據 Kerr 老師的描述，他應該是讀大學時開始對東亞歷史產生興趣。Kerr 說他在大學的課堂上問過授課老師一些關於中國史的問題，因為老師當時無法回答，引起他研究這門未開發學問的興趣。這是他回憶自己決定挑戰這門新學問時所說的話。Kerr 之後經由夏威夷來到日本，但卻意外在 1936（昭和 11）年的時候目睹二二六事件。事件發生後，Kerr 收到一位人在台灣的朋友來信，信裡說：「我的身體不舒服，需要回美國養病，你可以過來台灣幫我教英文嗎？」在這樣的情形下，Kerr 遂決定放棄中國行，改往台灣出發。

Kerr 對沖繩的關心則是在台灣擔任英語教師時開始出現。某年暑假結束的時候，沖繩出身的學生送了幾張漂亮的沖繩風景明信片給他。看著風景明信片中的美麗沖繩，激發了他拜訪該地的想法。Kerr 甚至曾經一個人到基隆港，準備從那裡坐船去沖繩，但日本憲兵擔心他是間諜，所以就沒有放行讓他上船。

一直到第二次世界大戰結束後，Kerr 老師才終於有機會拜訪沖繩。當時他是在五角大廈的命令下前往該地進行琉球歷史的田野調查。在出發前往琉球前，他向五角大廈提出兩項條件，第一項是可以自由使用日本全國各地的圖書館，第二項是在沖

繩可以自由活動，不受任何限制。在五角大廈同意 Kerr 老師的兩項條件後，Kerr 才正式著手進行這項關於沖繩歷史文化的田野調查。

與 George H. Kerr 老師第一次見面是在 1960 年。我在 1959 年 9 月結束美國的學業，剛回到沖繩擔任琉球大學校長安里源秀的直屬秘書。老師在洛克斐勒財團的支援下，要在沖繩進行「The Cultural Survey of The Ryukyu Islands 琉球群島文化調查」的田野調查工作。在正式進行調查前，老師先來大學的校長室做禮貌性拜訪，我也因此有機會與老師第一次見面。在那次會面中，老師有提到宮古島的平良這個地方。由於我將平良念成「taira」，結果被老師糾正，平良的地名發音應該是「hirara」。當時因為無知所造成的尷尬，至今仍印象深刻。

該調查團的成員還包括教育學部的中今信教授，以及從美國留學回來的崎原貢老師。令人意外的是，這兩位老師在調查工作中途就離開團隊。團隊的分裂和 Kerr 老師的個性不無關連。老師是個要求嚴格的學者，做事一板一眼，絕不容許犯錯。老師曾將沖繩相關的稀有書籍捐贈給夏威夷大學圖書館，結果館方沒有立即登錄，然後書籍在隔天就不知道被誰拿走。老師得知此事後非常生氣，他說不管拿走書籍的人是誰，反正身為學者就是不能做出

這種行為。老師堅持的想法是，稀有的書本不能由個人獨占，而是應該讓更多人參閱研究才對。

一開始並不知道為什麼老師要進行那一次田野調查。後來才明瞭，原來和之前出版的那本《Okinawa: The History of an Island People（沖繩：島人の歷史）》的書有關。他說：「我寫書時，竟然遺漏了宮古島和八重山群島那一部分的歷史。」所以老師應該是打算，將來再寫一本除了沖繩本島，更包括先島群島的琉球全史吧！

1983 年我繼任為琉球大學圖書館的館長後，和 Kerr 老師有更多密集接觸。老師知道我接任圖書館長後，立刻寫了一封祝賀函給我。賀函裡強調，「大圖書館是大學的心臟」，是大學不可或缺的重要單位等激勵文字。之後他更頻繁來信，信件多到連他自己都不好意思地說，「你應該會為洪水一般湧來的信件感到困擾吧？」老師非常關心琉球大學的發展，只要是他覺得對琉球大學有幫助的事物，即使是一張留有紀錄的便條紙，也不厭其煩地寄送過來。

沖繩的縣花是莿桐，老師也覺得沖繩的紅色莿桐花非常漂亮，但同時他也發覺，夏威夷有白色的莿桐花，沖繩竟然沒有。為了讓沖繩也看得到白色的莿桐花，老師將白色莿桐的種子拿給我的學生新

崎康博醫師並請他轉交給我。後來我又將到手的種子託給農學部林學科的幸喜善福教授和新里孝和助理兩位栽培。在兩人的努力下，大學的實驗農場裡面，終於出現兩棵白花的莿桐樹。老師原本希望種子發芽後，就能將莿桐移植到圖書館前。現在兩棵莿桐雖然都已長大，但因種種因素，所以還是遺憾地無法幫老師完成移植的願望。

　　Kerr 老師之所以會如此熱心幫助琉球大學，其重要原因是，他知道琉球大學圖書館的收藏量真的很少。因為被美國管理了 27 年，所以和內地其他大學圖書館比較，琉球大學的藏書就是比別人少很多。和琉球大學同樣規模的學校，其圖書館的藏書量平均約有 60 萬冊，而琉球大學的圖書館則只有 40 萬冊而已。如何彌補這項差距，成了我這個圖書館長的重要任務。我曾以圖書館長的身分，向學校的預算分配委員會會長與那霸正信教授爭取將學校補助款的 19％挪為圖書館經費。在當時那種捉襟見肘的窘況下，Kerr 老師即時捐贈了數千冊書籍給琉球大學圖書館。

　　這些書籍都是來自夏威夷大學的 Hamilton 圖書館。這批圖書裡面，有很多明治和大正時代的出版品。Hamilton 圖書館本來已經將這批圖書堆放到地下室，隨時準備銷毀。Kerr 老師得知後大為震驚，

於是馬上尋求夏威夷新川婦女會會長的幫助，將這批書籍送到沖繩。書籍的運送過程並不簡單，她們與美國軍方協調多次，最後才獲得美國軍方同意，用軍方的運輸艦將書籍運送至沖繩。這批書籍送到沖繩之後，還分出一部分捐給沖繩大學和沖繩國際大學。這批圖書當初若沒有被 Kerr 老師發現，恐怕早就化為灰燼了。

　　Kerr 老師還說，類似 Hamilton 圖書館的事情在台灣也發生過。蔣介石的軍隊在中國大陸被毛澤東的共產黨軍打敗後，狼狽逃到台灣。Kerr 老師說，他有一天在街上看到載滿書籍的貨車路過。他詢問過之後才知道，原來這些都是準備要運去銷毀的書籍。雖然不知道這些圖書的種類，但老師還是立刻表示這些圖書不能銷毀，要保存下來。身為學者的老師深知，從事研究的時候，書籍和文獻是不可或缺的重要資料，不可隨意毀棄。

　　老師雖然沒有博士學位，但許多沖繩人還是習慣稱呼他為 Kerr 博士。以 Kerr 老師學問淵博的程度，以及他向英語世界大力推廣沖繩文化的貢獻，博士的稱謂一點都不為過！關於沖繩和琉球歷史，以前的英語世界只存在一些片段性的資訊，Kerr 老師是第一位用專業的出版品，系統性、整體性介紹沖繩歷史的第一人。曾經當過琉球大學校長的東江

於沖繩旅行時所攝，葛超智左方爲宮城悅次郎，右方爲久手堅憲次。

康治博士就說，他在華盛頓州立大學撰寫博士論文時，就曾多次參閱 Kerr 老師的著作。從老師的著作被頻繁參考的程度來看，他對學術界眞的有卓越貢獻。需要再次強調的是，Kerr 老師也是第一位在史丹福大學開設「沖繩的歷史」專門課程的學者。

　　因爲 Kerr 老師的貢獻卓著，所以琉球大學曾向文部省知會，打算頒贈榮譽博士學位給他。沒想到文部省在得知消息後，竟然生氣地回覆：「沒有開設博士班的學校是沒有資格頒贈榮譽博士學位的！」現在的琉球大學幾乎所有的學院都設有博士班課程，但是在當時，不用說博士班，甚至連碩士班都開不起來。

　　由於無法頒贈博士學位，我們只得變通思考，改用「沖繩時報（Okinawa Times）獎」來酬謝老師的

貢獻。為了頒獎事宜，當時的校長東江康治與大田昌秀（前沖繩縣知事）教授，以及筆者三人曾多次拜會沖繩時報的社長。社長高度肯定老師的貢獻，但還是希望我們提出一份正式的推薦書。在推薦書的內容裡我特別強調兩點。第一點，我引用琉球大學前歷史學教授中山繁茂的看法指出，許多沖繩學者的研究都帶有一定程度的偏見，但 Kerr 的著作始終秉持客觀立場。第二點是，Kerr 老師是第一位用歷史專業書籍，客觀且具整合性介紹沖繩歷史和文化的學者。令人遺憾的是，由於「沖繩時報獎」的頒贈對象只侷限日本籍人士，所以沖繩時報只能在 1985（昭和 60）年 7 月 1 日，以「感謝狀」的形式頒贈給 Kerr 老師，表彰他對沖繩的貢獻。頒贈「感謝狀」當天，老師不能親自出席表彰典禮也是美中不足的事情。

後來 Kerr 老師又來過沖繩一次。為了歡迎老師來訪並慶祝獲得沖繩時報頒獎（感謝狀），彼時的宮城健學校長邀請老師至那霸料亭共用晚餐。餐會上，宮城校長談到自己的戰時經驗：「戰爭期間曾以技術軍官的身分坐著飛機前往激戰地硫磺島，後來因為無法著陸，又折返回來，最後迫降在東京灣的海上。」Kerr 老師也說他有類似經驗，他說他坐的飛機曾在台灣墜落，附近的台灣人還動員來救助

沖繩縣公文書館收藏的 George Kerr 老師照片。

他們。當時大家互相交換類似的生活故事，度過了快樂的一晚。遺憾的是，誰都沒想到那竟是老師最後一次訪問沖繩。

最後一次見到老師，是他過世前一年的 1991 年。那一年我獲選為太平洋學術協議會沖繩區評議員，為了參加在夏威夷舉行的太平洋學術會議前往檀香山。因為聽說老師在 Kunakini Medical Center 住院，所以在會議期間撥空前往探視。記得那一天是 1991 年 7 月 1 日，和老師見面時，我問他「還記不記得我」。老師不但點頭回應，甚至還記憶清晰的講了許多關於琉球大學的往事。我接下來問老師說：「老師今年幾歲了？」沒想到老師頓時出現失落的表情，然後就不再說話。對於自己當時的失禮發言，除了遺憾，就只能持續懊悔而已。

老師病床旁的桌上堆疊著許多本昭和天皇和 Seidensticker 的著作，顯然在住院期間，還是不忘享受讀書的快樂。那是我最後一次和老師的會面。

作者
簡介

瀨名波榮喜

　　1929 年出生於沖繩縣名護市，1977 年堪薩斯大學英國文學博士。曾擔任琉球大學教授，1994年擔任名櫻大學創校董事暨國際學部部長。2004年升任同校校長，致力於培養國際人才。2014 年3 月，成功將名櫻大學轉成公立學校之後卸任校長，同時轉任沖繩大學聯合會（consortium）創會之代理理事長。

第十章

我的室友
George Kerr老師

比嘉幹郎

記得已故的同鄉（沖繩縣名護市）後輩，也是《占領者觀點》這本好書的作者：城悅二郎先生曾說過，George Kerr 是個隨性的人。如果你問他：「請問您名字的發音是卡爾、還是柯爾呢？」Kerr 先生的回答通常會是：「I don't care.」

在我的記憶裡面，Kerr 老師就是這種連自己名字的發音都不怎麼在意的人。

George Kerr 老師的名片。（台北二二八紀念館提供／典藏）

有些好朋友會以 Kerr 小時候的綽號 Jack 來稱呼他。Kerr 也是位富有幽默感，而且不吝將自己的想法公開表達出來的人。Kerr 更深愛著台灣與沖繩這些島嶼上的人民和文化。做為一個歷史學者，Kerr 終其一生都在為這些被近鄰大國欺負的弱小民族發聲。

島國知音

台灣問題專家葛超智其人其事

172

和 Kerr 老師成為室友的經過

　　Kerr 老師是一位熱心助人的人，承蒙 Kerr 老師
幫忙，我在 1966 年九月至 1968 年三月的一年半期
間，借宿在他的公寓之中。在借住的這段期間，我
得以完成柏克萊加州大學的博士論文《官僚在日本
近代政治史上扮演的角色（近代日本政治における官僚
の役割）》。對我而言，Kerr 老師是終生不可或忘的
大恩人。

　　在此，我將不厭其煩地回溯，與 Kerr 老師認
識、以及成為室友的過程。1966 年夏天，我因為申
請到夏威夷東西研究中心的國際 Fellowship 博士論
文獎學金，所以從沖繩飛到夏威夷為撰寫博士論文
做準備。那是我第三次到美國留學。在兩年前的十
月，我從琉球大學的助教職位開始教學生涯，那一
段時間就是天天忙著準備教材，根本無法著手撰寫
博士論文。雖然我已經在 1963 年修完博士班所需
的學分，並順利通過口試，剩下的就是論文這項最
大難關而已。為了蒐集博士論文需要的資料，我申
請從美國到日本「逆向留學」，進入東京大學社會
研究所進行為期一年的研究。那是舉辦奧運的前一
年，就在到處都是工地的東京度過一整年。之後我
還是每學期都繼續註冊為柏克萊加大的研究生，然

後一邊在琉球大學擔任助教，一邊準備博士論文。那種狀況不但身心俱疲，而且經濟上也相當拮据。後來終於獲得琉球大學校方許可，得以到夏威夷專心準備博士論文。

但令人失望的是，不管是當時的夏威夷大學或是位在隔壁的東西研究中心，不但找不到可以指導我寫論文的政治學專門教授，就連圖書館裡面的英文資料也沒有當初預期的豐富。在那裡度過數週後，我取得東西研究中心的同意，前往幾乎是我的第二故鄉，也就是美國本土的加州柏克萊大學繼續準備博士論文。

回到母校加州柏克萊大學，當我正在為九月即將到來的新學期做準備時，獲得在附近的小公寓賃屋而居的 Kerr 老師告知，不妨搬過去和他做室友。

第一次與 Kerr 老師見面是 1953 年至 1954 年期間，當時我剛從洛杉磯加大（UCLA）轉學至柏克萊加大，就讀大學四年級。Kerr 當時也剛從史丹福大學轉任至柏克萊加大擔任客座講師。我在那時候與 Kerr 相識，但已經忘記第一次見面的正確日期。Kerr 尚未遷居至柏克萊前，住在 Palo Alto 附近一戶獨棟的房子裡。記得我曾經到那裡幫他粉刷過籬笆。也就是說，在成為室友前，我已經和他認識 12 年。

1954 年 6 月，在我從柏克萊加大畢業準備要回沖繩的前夕，Kerr 老師托我攜帶滿滿一大箱的沖繩相關資料給當時的琉球政府行政主席比嘉秀平先生。我和 Kerr 兩人一起將資料搬運至停泊在舊金山對岸奧克蘭港的美軍運輸艦。幸運的是，比嘉主席的兒子，也是我戰前在沖繩第三中學就讀時的學長比嘉晴海先生正好和我同船一起回沖繩。所以轉交資料的事，就順理成章由比嘉晴海先生完成。後來我才知道，比嘉主席將這批資料轉贈給琉球政府首里博物館。

　　回去沖繩之前，Kerr 老師還送了一份名爲「琉球：1945 年以前的王國與縣 Ryukyu: Kingdom and Province before 1945」的研究報告給我。該報告以打字機寫成，總共有 240 頁（Copy No.29）。這份報告有 Kerr 的親筆簽名，還寫著 1954 年 6 月 24 日的日期。報告中還註明，這是在美國陸軍部資助下所做的琉球群島學術調查報告書之一，並不是一般出版品。但令人遺憾的是，這本報告在未經 Kerr 本人的同意、且在他本人沒有事先過目的狀況下，就被翻譯成日文書，然後在 1955 年被琉球群島美國民政府（USCAR）印刷發行爲琉球大學的教科書，也就是後來俗稱的「琉球歷史紅皮書」。

　　巧合的事情還不止於此。Kerr 在柏克萊公寓

的房東，也就是加州大學的地理學者 Clarence J.
Glacken 博士，亦是該學術調查團的成員。Glacken
曾經在 1951 年至 1952 年之間，以文化地理學的觀
點對沖繩本島南部的港川（漁村的樣本）和波名城（農
村的樣本），以及北部的宜野座村松田（山村的樣本），
展開生活方式如何影響自然環境的研究調查，並比
較三個樣本地區間的差異。該次的研究結果在 1955
年被加州大學以「大琉球－沖繩的村落生活」爲題
集結成書出版。

　　Glacken 教授也是我的舊識。因爲教授的幫

1954 年初次與葛超智先生見面的我。

忙，當加拿大的英屬哥倫比亞大學（British Columbia University）在 1963 年將我的加州大學碩士論文「沖繩戰後的政治與政黨」出版成書時，該書首頁的沖繩群島美麗手繪地圖，就是由 Glacken 教授的助手所繪製。

同住一個屋簷下

從廣闊的大學校園中心走路到我和 Kerr 老師居住的公寓，大約需要十五分鐘。公寓附近除了有兩家叫做 Safeway 和 Lucky 的超市，還有餐廳、自助洗衣店、加油站、銀行、郵局、書店，算是相當方便的地區。Kerr 因為沒有車子，所以不管是到舊金山、奧克蘭，或是其他郊區，都需要靠我開自己的中古車隨行。接到朋友的邀請時，也是兩個人一起過去。

某一個週末，我和他兩人開著車過金門大橋，一路前往加州北部的一處大牧場，途中還在汽車旅館過了一夜。Kerr 老師和我沿途一邊欣賞紅色的楓葉，一邊教我如何用英語描述這種美麗的景色。我將車停在路邊，把一枚十分的錢幣塞到牧場柵欄的隙縫中，然後告訴 Kerr：「下次回到這裡的時候，這枚錢幣不知還在不在？」Kerr 當時臉上露出的笑

容，至今仍然清晰留在我的腦海中。

公寓由廚房、衛浴，以及另外三個房間組成。Kerr 老師住在面對馬路的房間，我的房間則是在內側。我們每天都面對著打字機工作。每天就是持續寫作，不會詢問彼此打字的內容，也不知道對方在努力的是什麼樣的著作。Kerr 曾說，這間公寓的兩個房間不斷傳出打字機的聲音，感覺真的很像一座工廠。但就實際的結果來看，Kerr 老師在這裡完成了他的新書，我則是在這裡寫出博士論文，所以這間公寓對我們兩人而言，的確也是一間從事生產的工廠。

我從未問過 Kerr 老師關於出身家庭、婚姻狀況、家族關係等個人隱私的問題，Kerr 也從沒與我談過類似的話題。Kerr 房間的牆壁上掛著一張加框的照片，照片裡面是一位表情嚴肅的男性。但住在那裡的期間，我從來沒有向他請教過照片中的人物是誰。現在回想起來，覺得當時沒有找機會在不失禮的情況下向他請教更多問題，實在是一件遺憾的事情。

和我的生活相較，Kerr 老師是個很少出門，而且每天按照固定行程作息的人。他起床的時間甚早，五點睡醒後，通常是一面喝咖啡一面看報紙或是聽收音機。他很少看電視，上床的時間大約是九

點。有時候他會對我說，想要搬去沒有報紙也沒有電視的偏僻鄉下住住看。

外出採買食物大多是由我負責。需要什麼東西，他會事先告訴我。我們大概每十天結算一次超市的收據，然後各負擔一半的費用。Kerr 是個節儉的人，他不止一次對我說：「我身上流著一小部分蘇格蘭人的血液。」 1952 至 53 年間，我曾在比佛利山莊（Beverly Hills）以包食宿的 school boy（雜工學生）身分，一邊打工一邊在 UCLA 讀書。當時的生活不算輕鬆，所以早已養成節儉的習慣。

在食物方面，早餐和午餐我們會各自選擇自己想吃的食物。不過，或許是受到 Kerr 老師的影響，當我整天都待在公寓寫論文的時候，我就會用一位東京朋友送的壽司餐廳大杯子，泡一大杯加了很多糖的咖啡喝一整天。因爲這層關係，後來回到沖繩之後，變成有點排斥咖啡。

Kerr 老師因爲長期獨身又喜歡美食，培養出做菜的好手藝。晚餐的食物，大多是由 Kerr 烹煮的美味西式餐點。Kerr 對於焗烤料理更是拿手。Kerr 老師雖然曾經到夏威夷、日本、中國、台灣等地旅行、甚至長期居住，但卻幾乎沒有烹煮過亞洲風味的料理。或許是因爲和中國料理以及日本和食相較，西式餐飲的沙拉、濃湯、雞肉、牛肉、西式點

心等食物的準備都比較省事且不花時間的緣故吧！

　　Kerr 老師並不挑食，幾乎所有種類的食物都不排斥。但不知為什麼，類似番茄那種裡面有小種子的食物他卻不願意食用。在外用餐的時候，他會選擇亞洲餐廳，不喜歡漢堡和三明治等汽車得來速食物。Kerr 雖然習慣在餐前喝啤酒，也會在就寢前喝少量的 Scotch 做 nightcap（睡前酒），但不曾看他酒醉過。餐桌的打掃和洗碗等清潔整理工作，都是由我負責。

　　Kerr 老師的主要工作就是寫學術著作和擔任兼職講師，他沒有其他家人支援，經濟收入一點都不寬裕。一般人很少會購買學術著作，所以版稅收入不多；兼任講師的薪資也相當有限，Kerr 只能選擇過儉樸的生活。Kerr 有時候會到紐約或倫敦等地旅行。我個人的推測是，他可能會帶一些有價值的東西出去旅行，到了當地之後就把它們拍賣掉來補貼旅費。

　　雖然我們的生活重心就是寫作，但因為長時間在同一屋簷下飲食作息，偶爾還有一些可以促膝長談的機會。長談的話題，大多還是和沖繩、夏威夷，以及台灣等地有關。Kerr 老師曾說，他年輕的時候在檀香山認識了 Neal Goya（Neal 吳屋）等沖繩移民的後代，並且和他們成為好友。此後他除了持

續關心沖繩這塊土地，同時也喜歡上夏威夷。居住在柏克萊的時候，他還和另外一位朋友在可以俯瞰威基基海灘的 Makiki 高地合租一間小房屋，讓自己隨時都可以過去夏威夷停留。那位合租的朋友，就是將源氏物語翻譯成英文的 Edward G. Seidensticker 教授。記得 Kerr 說過，他曾和該位教授坐船從南西諸島的八重山航行至奄美大島，他們一路探訪經過的島嶼，而且最後還在奄美大島遇到與沖繩關係匪淺的小說家島尾敏雄。

與其他學者的交往與研究成果

大戰發生前，Kerr 老師曾在台灣的高校教授英語，當時他在那裡也認識不少沖繩出身的人。因為 Kerr 熟悉台灣的事務，戰爭期間曾經參與美國軍方，編著一本準備在占領台灣後使用的「民政手冊 Civil Affairs Handbook」。後來美國軍方評估，占領台灣太過曠日廢時，所以臨時改成攻打並占領距離日本本土較近的沖繩。

因為曾經在大戰期間參與對日作戰，他和參與過沖繩戰役的哥倫比亞大學 Donald Keene 教授、加州大學 Robert A. Scalapino 教授，以及戰後初期在沖繩美軍政府任職的史丹福大學 James T. Watkins

IV 教授等人，都有一定交情。Kerr 曾邀請這些與他年紀相若且有共同戰爭經驗的學者為他的書寫序，例如之前提過的《琉球的歷史》（紅皮書）的序言〈海邦養秀〉，就是由 Watkin 教授撰寫，《被出賣的台灣》的序文則是由 Scalapino 撰寫。

除了戰爭的故事，我也聽 Kerr 老師說過不少關於美國戰後沖繩政策的寶貴分析。Kerr 將上述的紅皮書經過修改和增訂後，1958 年由 Tuttle 出版社以《沖繩：島人的歷史 Okinawa: The History of an Island People》為書名出版。令人意外的是，這本書的開頭，竟是由沖繩的戰後說起。這本書的副標為「獻給比嘉秀平」，開頭的文字則是「序言－沖繩、美國，及其當代史」。本書對美軍占領沖繩初期所實施，對沖繩人造成諸多傷害的無為而治政策（do nothing policy），有許多分析和批評。本書的主要觀點之一是，戰後美國的施政對沖繩人而言，其壓迫、歧視、犧牲沖繩人的程度實不亞於戰前。這個觀點被普遍接受，後來更成為眾多沖繩研究者分析沖繩歷史時的共識。

因為這是第一本將琉球歷史從太古講述到現代的英文專著，獲得高度好評。本書的內容深具啟發性，許多論點更是值得深入探討的題目，這樣的書籍，應該可以引起更多外國學者研究沖繩的興趣才

島國知音
台灣問題專家葛超智其人其事

對。

　　Kerr 老師在沒有正式學過日文、中文，以及沖繩語的情形下，就成功寫出這本書。書籍得以完成，與美國陸軍部透過華盛頓的美國學術委員會太平洋科學局提供資金，以及日美兩國的學者，特別是眾多沖繩學者的幫助有關。對於這些提供幫助的人，Kerr 在序言中都有詳細列出感謝文字。但最重要的還是，如果沒有 Kerr 本人傾注心力的投入，這本書肯定還是無法完成。

　　1952 年琉球群島美國民政府（United States Civil Administration of the Ryukyu Islands）的副民政官 James Malcolm Lewis 准將是提案製作此書的人。不管准將當時是以什麼的目的提議寫作此書，Kerr 的這本琉球史都是客觀且優秀的學術著作。在本書的結尾，有厚達 28 頁的章節註釋以及文獻目錄，還有詳細的內容索引。光是簡潔清楚的文獻整理，就足以顯示此書的高度學術價值。其實，參考文獻的總數甚多，Kerr 在書中只有列出社會科學相關的部分而已。包括自然科學在內總計 3,500 件的參考文獻總目錄，則是記錄在 1952 年提出給太平洋科學局的報告之中。這些文獻的目錄製作，是在日本國會圖書館館長以及眾多大學教授的幫助下，從全日本的四十六間公立圖書館和私人收藏庫蒐集而來。

因為這層關係，Kerr 老師對夏威夷大學歷史教授坂卷駿三（Shunzo Sakamaki）在 1963 年所出版的《琉球書誌稿 Ryukyu: A Bibliographical Guide to Okinawan Studies》一書抱持排斥的態度。對於沖繩出身且幫忙出版這本書的崎原貢先生也有諸多批評。Kerr 老師不喜歡坂卷的原因是，坂卷不認同 Kerr 著作的價值，甚至在書中 158 頁輕率批評：「Kerr 的著作都只引用西方國家的資料。」其實，Kerr 在寫作時都盡量引用日語文獻，且充分尊重沖繩歷史學者的意見，這樣的苦心卻被坂卷忽視，實在非常不公平。再從《琉球書誌稿》提及的資料，幾乎都已包括在 Kerr 先前製作的目錄裡來看，就更不難體會 Kerr 為何會如此不快了！

在不清楚 Kerr 老師與坂卷之間的關係下，我在 1963 年居留於東京時，接受《太平洋事務 Pacific Affairs》季刊邀請，為《琉球書誌稿》一書撰寫評論。書評中提及，此書收錄了 3,000 多件書籍和論文資料，是「包羅最廣、最詳細的文獻目錄」，也就是給予該書極高的評價。不過，最終我還是有提到：此書可以和 Kerr 老師的《沖繩：島人的歷史》相提並論，都是「從事沖繩研究時不可或缺的指引」。

大家都知道，除了沖繩，Kerr 老師對台灣的

研究也傾注相當心力。在柏克萊大學的時候，他主持過以台灣、韓國、以及琉球爲題的講座。當時我曾經質疑，將沖繩的政治狀況拿來和台灣、韓國相提並論是否恰當？與台灣、韓國不同，沖繩畢竟是日本的領土，這種論述方式是否會給彼時沖繩人的「日本回歸運動」帶來負面影響？我在當時的擔心其實恰恰反應出 Kerr 老師以前曾說過的：「與其說日本內地人是否認爲琉球人亦爲日本人，倒不如說琉球人主動希望被日本人接納爲同一國人的期待更爲強烈。」Kerr 老師這種沖繩人對日本「單相思」的說法，當然會招致批評。但直到後來我才體會，Kerr 這種從少數民族立場出發的歷史宏觀角度的探討方式，其實才具有更深層的意義。

二次世界大戰以前，Kerr 曾經在台灣的高等學校教授英語，戰後則任職於台北的美國領事館，是當時有名的台灣通。1965 年 Kerr 在美國出版《被出賣的台灣》一書，書中對於 1947 年台灣人反抗中國大陸國民黨政權迫害、最後造成兩萬多人在反抗運動中遭國民黨政府殺害的二二八事件有詳盡描述。Kerr 因爲這本書得罪了國民黨，成了不受台灣當局歡迎的人物。

1950 年代至 1960 年代，美國國內颳起反共產的麥卡錫主義旋風，許多研究亞洲的學者都被打成紅

色共產主義的同情者。這股反共旋風，幾乎讓 Kerr 的學者朋友們都成了被批判對象。在這種泛政治化的氣氛中，Kerr 還是堅持自己的立場，始終支持台灣人反抗暴政。Kerr 老師可說是一位充滿勇氣的學者。

我所居住的柏克萊，在 1960 年代後半發生了以學生為主體的反越戰運動，以及反歧視的黑人民權運動。大學校園及其周遭，則是因為學生發起了「言論自由運動 Free Speech Movement」，而鎮日陷入騷亂。Kerr 老師沒有參與任何運動，他一邊旁觀騷亂，一邊書寫 1895 至 1945 這 50 年之間的日本台灣殖民史。1974 年，夏威夷大學將 Kerr 的寫作成果以《台灣：被認可的革命與自治運動，Formosa: Licensed Revolution and the Home Rule Movement, 1895-1945》集結成書出版。Kerr 在書中提及，在日本半世紀的統治下，台灣除了「科技、社會以及經濟，都有令人驚艷的進步」外，還有蓬勃的自治運動，這些都是值得肯定的成就。

結語

回顧與 Kerr 老師相處的日子，感覺自己真的獲益良多。如果有機會將 Kerr 的著作全部仔細再讀過

一次的話，相信會有更多收穫，只可惜目前仍沒有辦法如願。在此先將從 Kerr 老師那裡得到的知識分成三大項描述。

首先，就 Kerr 本人的理解，沖繩就是國際政治遊戲中的「籌碼」。以琉球王國的歸屬為例，當初是日、美、中三國彼此在競逐利益，最後則是日本在 1879 年以武力併吞琉球王國，並完成所謂的「廢藩置縣」。在連串的折衝過程中，甚至還出現分割琉球的提議，也就是奄美大島歸日本，沖繩本島維持獨立王國，先島群島則歸給中國的想法。這個提案後來因為中國的實力不足而胎死腹中。

第二項知識則是，充分尊重被研究對象、也就是在地民族的文化。文化這個字可以有多種不同的定義，在此則是將其大略分成有形及無形文化兩大類。Kerr 老師生前一直熱心建議，收藏及展示著眾多沖繩有形文化資產的首里博物館，需要持續擴充規模和增加收藏品。為了這件事，Kerr 曾親自向 Paul Caraway 高等事務官（High Commissioner of the Ryukyu Islands）做改建博物館的建議，他也曾將自己為沖繩報紙寫的連載文章的稿費，全數捐給博物館做庭園的改建經費。

Kerr 對於無形文化的尊重更是徹底。面對在地居民的傳統習慣、生活方式、價值觀、宗教信仰以

及藝術和民俗表演，他都保持愛慕及敬畏的態度。對於那些蔑視傳統，或是嘗試改變習俗的企圖，他都提出嚴厲批判。他認為文化就是不同的生活方式，沒有優劣之分，都是需要被尊重的事物。Kerr對於在地民意的尊重，對於民主與自治信仰的堅持，應該都是從這種尊重在地文化的同理心所延伸而來。為了感謝 Kerr「推廣沖繩的歷史文化，增加其國際能見度」，1985 年沖繩時報頒贈獎狀，並公開讚揚 Kerr 的貢獻。

從 Kerr 那裡學到的第三項知識，也是對當時即將成為學者的我最有意義的一項，就是做為一個學者的身教。Kerr 不畏清貧的生活態度，長時間以宏觀、客觀的角度和立場，為少數民族書寫歷史。在寫作過程中，他會盡量蒐集更多資料，參考更多學者的說法，再以自己的見解書寫出來。Kerr 展現出來的，無疑就是做為一個學者所該具有的品格。

關於 Kerr 的學術貢獻，除了我個人的回憶和評價，還可以參考前沖繩縣立藝術大學教授 Anthony P. Jenkins 所積極參與編著、於 2011 年發行的《沖繩縣公文書館之 George H. Kerr 文書收藏目錄》。如能繼續爬梳研究，相信可以更清楚呈現 Kerr 的學術研究貢獻。

除了既有的著述，我還聽 Kerr 老師說，他也想

寫一寫 1881 年夏威夷 Kalakaua 國王的環球旅行，
以及沖繩的文化藝術史等。Kalakaua 國王曾向明治
政府提議夏威夷與日本兩國合併。國王當初的提議
如果成真，今天亞洲的歷史恐怕就會有完全不一樣
的結果了吧。Kerr 的內心應該一直存有保護夏威夷
少數民族的夢想。Kerr 除持續蒐集沖繩陶瓷器的考
古學資料，他也會將沖繩的民族舞蹈拿來與亞洲其
他地區舞蹈比較，他的遺物裡面應該是留有一些亞
洲藝術與文藝交流史的手稿。不管怎麼樣，Kerr 著
述的熱忱就是令人感動。

　　我回國後，只能等到 Kerr 老師來訪沖繩的時
候，才有機會與他見面。見面時，都會向他請教今
後沖繩學者有無其他需要面對的研究課題。 1990 年
時，我因為負責沖繩北部的 Busena Resort 的建設工
作，所以在公務的需要下，相隔九年再次前往夏威
夷。停留夏威夷前間，聽聞 Kerr 老師因病住院，所
以在中學同學，也是檀香山的旅行社經營者仲間勝
先生的帶路下，前往醫院探望老師。因為 Kerr 曾幫
助過很多沖繩的留美學生，我帶著沖繩美國留學生
所組成的琉球財團、以及我個人所捐出的慰問金，
前往醫院和 Kerr 老師見面。我們的突然造訪，著實
讓當時正在病床上閱讀報紙的 Kerr 嚇了一跳。我對
Kerr 說，是他的家庭醫師渡慶次仁一醫師告訴我們

他在那裡住院的。聽到我的話後，Kerr 回答：「他對我的病情非常清楚。」他說自己還很健康，只是需要裝心臟節律器而已。離去之前，他指著隔壁的病床對我說：「幹郎，我不管到哪裡都會遇到沖繩人吧！」我們看了一下，發覺隔壁床的確是一位叫做崎濱的沖繩裔移民睡在那裡。我和他緊緊握完手，並且互道下次再見之後才離去。沒有想到，那次的離去竟成了與 Kerr 老師的永別。我的護照上還蓋有那天的日期章：1990 年 7 月 26 日。雖然我很想再次看到回復健康的老師，但無奈他還是在兩年之後過世。

作者簡介

比嘉幹郎

　　1931 年 1 月出生於沖繩名護市。1969 年柏克萊加州大學政治學博士，琉球大學法文學部法政學科教授（1964～1979）、伊利諾大學特聘教授（1969.9～71.1）、Ambassador 大學交換教授（1973.1～74.1）、沖繩縣副知事（1979~1984）、沖繩振興開發金融公庫副理事長（1986～1988）、Busena Resort 股份公司代表取締役社長（1990～2010）、名櫻大學名譽客座教授、The Terrace Hotels 股份公司特別顧問。主要著作：《沖繩　政治と政党》（1965）、《現代政治入門 9　政治発展論》（1978）等。尚有其他書籍和論文多篇。

第十一章

與George Kerr老師
通訊的緣起

山口榮鐵
（鐵泉）

大約是從 1981（昭和 56）年初開始，我和住在
夏威夷的 George Kerr（葛超智）老師開始有密切的
書信往來。當時是我在美國東部新英格蘭地區耶魯
大學的東亞語言及文學系（The Department of East Asian
Languages and Literatures）任職的第十三年。在那之前
的 1977 年（昭和 52 年），我出版了相當於自己的第一
本學術著作《琉球－異邦典籍與史料（琉球－異邦典
籍と史料）》。和 Kerr 老師開始通訊後數個月，1981
年（昭和 56 年）秋天，我在東京出版了該時期的代表
性著作《異國與琉球（異国と琉球）》，那幾年可以說
是我在學術研究上的重要時期。當時 Kerr 的年紀為
71 歲，而我則是正值壯年的 43 歲。令人高興的是，
上文提及的出版品，目前都有新版本發行，而且還
持續成為相關領域研究者們的參考讀物。

　　當時我剛踏入理論語言學的領域，正拚命在該
門學問中找尋自己可以發揮的空間。但面對日新月
異、不斷進步的語言學理論，我又漸漸發覺實際的
情況與我當初的想像不同，所以陷入煩惱之中。從
就讀琉球大學英文系開始，我就對當時在歐陸快速
發展中的「歷史語言學」抱持高度興趣，特別是當
時的語言學家剛發現印度的梵文竟是印歐語系的祖
先，歷史語言學精彩繽紛的世界，就是讓人無法忘
情。

島國知音
台灣問題專家葛超智其人其事

在美國國防部的支援下，我以沖繩美國留學團成員的身分，進入位於美國中西部的印第安納州立大學語言研究所。該校的語言研究所，可以和東岸的耶魯大學以及中西部的密西根大學等名校相媲美，是可以進入全美前五名的優秀研究機構。進入研究所後不久，我漸漸感覺到美國的語言學界已經開始受到各種革命性語言學理論的持續衝擊。從1930年代開始的半個世紀，以耶魯大學為中心的「結構語言學」理論在語言學界幾乎占據難以撼動的中心地位。進到語言學研究所後，更能感受其明顯的影響力。但從「結構語言學理論」崩壞後的現在回頭去看，當時的那種氛圍，其實只是一群信奉自己理論的學者，為了不被淘汰而拚命維持自身的「落日餘暉」而已。

1950年代後半，可說是語言學變動時代的開始。被譽為天才的不世出語言學者 Noam Chamsky 發表了新的語言學理論，並持續帶領著 MIT，也就是麻省理工學院為主的「生成文法（generative grammar）理論」學派，漸漸取代耶魯大學為主的「結構語言學理論」學派的光環。和變動緩慢，「靜態」式的歷史語言學不同，新來的「生成文法理論」是充滿數字和理論分析的「動態」學問。在每一本 MIT 發行的語言學相關期刊中，總會有大量的

新論文出現，如果沒有緊緊追在後面研讀，很容易就會被時代淘汰。當時就是這種變化快速，令人眼花繚亂的時代。

在那一段煩悶的時日，唯一的救贖就是閱讀現在已經成了經典的 Kerr 老師的著作《沖繩：島人的歷史》。這本書是在我就讀琉球大學英文系二年級時的 1958 年所發行。書後來不斷改版重刷，一直到今天仍然是英語出版物中，關於琉球／沖繩歷史的代表著作。當我在耶魯大學每天為教授日本語言學、日本文學、日本古文法等科目而忙碌時，心靈上無可替代的慰藉，就是餘暇時從圖書館把這本歷史書籍借出來閱讀。Kerr 老師這本英文著作發表的隔年，也就是 1959 年，由比嘉春潮先生所寫的另一本名著《沖繩の歷史》亦跟著問世。那時，我還特地拜託沖繩的親戚幫我買了一冊。這些在相關學術領域的經典著作，如今都還收存在我的書架上。有一次心血來潮地將這兩本書拿出來重看，發覺春潮先生那本著作的封底用筆寫著「1966 年 1 月 30 日，於新澤西州普林斯頓」，打開 Kerr 老師的那本書籍則是見到「1969 年 6 月 5 日，於耶魯」。

2014 年春天，我終於有機會將這本多年來的愛書翻譯成日文，介紹給更多沖繩人知道。由東京某知名出版社發行的《沖繩：島人的歷史》就是那時

的譯本。同時進行兩個不同題目的研究，是我個人從事學術工作的習慣。將 Kerr 的著作翻譯成日語，更是工作量龐大的計畫。隨著工作進行，一字一句將內容翻譯出來後，書中的知識也被大腦吸收，成了我自己的收穫。所以，整體而言是非常愉快的工作經驗。之後我更知道，原來在那之前，已經有數位和 Kerr 老師認識的人嘗試將此書翻譯成日文，但後來都沒有成功。

Kerr 老師所寫的英文沖繩史末尾，有厚達 67 頁的沖繩相關之索引、註釋，以及文獻目錄。這些資料都在我的後續研究中發揮重要功能。Kerr 身為外國人，竟然能留下如此多的歷史文獻紀錄，我在驚訝之餘，更有將這些資料全部閱讀過一次的衝動。我利用漫長的大學暑假來整理這些文獻，最後並寫成上述提及的那本《琉球－異邦典籍與史料》。該書收集了 16 世紀初開始的南蠻關係文獻，乃至 1919 年的西文文獻摘要，摘要一部分以英文呈現，另一部分由我自己翻譯成日文。

除了出版書籍，讓我感到無可替代幸福的還是，身為沖繩人的我，終於有機會開始研究故鄉島嶼的語言、文化、以及歷史等。在另一方面，我也終於感覺到，日本的英美文學學者在研究那些「異國及他鄉文化」土壤成長出來的外國文學作品

時，其實還是有其極限存在。個人覺得，可否感知出這種極限，是一件非常重要的事情。我曾帶著敬意，私底下請教那些沉浸於研究海明威、梭羅（Thoreau）、華茲華斯（Wordsworth）、葉慈（Yeats）的學長。我請教他們，這種在異國土壤成長的文化精神產物，也就是文學作品的研究，是否應該要交由在同一片土壤成長的同一國學者研究，才會有更顯著的成果？我這種大膽的提問，當然都引起學長們的不愉快回應。以我自己的研究經驗為例，我曾將松尾芭蕉的風雅、恬靜的精神，以及本居宣長的「物的哀愁」的日式審美觀，以前人未曾嘗試過的方法來分析梭羅的作品。這種採用新觀點、新想法的研究方式，雖然可以有一些新奇的結論出現，但最後難免發覺，那些都只是一些無法延續的淺碟成果。此外，及早察覺本國語和外國語在應用能力上的根本性差異，也是讓我感到幸運的事情。像我這種長年在美國從事研究工作的人，不管如何頻繁使用英美語言，還是無法將長大後才開始學習的第二語言，也就是英美語言，變成深入自己內心的第一語言。對於外國語言的應用能力，最多就是用外國語寫出漂亮的書信文章，或是在翻譯的領域一展所長，至於用別人的語言在該國家的專業領域建立獨創性的研究成果一事，雖然不是完全不可能，但畢

竟是困難至極的挑戰。坪內逍遙的莎士比亞日文翻譯或許膾炙人口，但同樣的坪內逍遙，終究還是無法在莎士比亞的文學研究上建立起相對的名聲。我自己的經驗也讓我更能體會，為什麼專攻英語文學的夏目漱石在英國留學時只能每天在苦悶的心情中度過，然而回到日本後卻能寫出探究日本人性的《心》這部曠世巨作。George Kerr 老師可說是我的恩人，他的作品對我最大的啟發就是，讓我知道自己該往哪個方向前進，讓我這個長期從事研究的人，更知道自己主場優勢的所在。

1967 年 11 月底，我回到久別的沖繩探親時，順道前往首里的縣立博物館參觀。當時的縣立博物館正在舉辦以西方人的琉球見聞為主的文獻紀錄特別展。在展覽現場我初次看到，目前的沖繩人都已經相對熟悉、由英國人 Basil Hall 所寫的《訪琉記》原典，以及明治末年來到首里和那霸傳教的早期衛理會（Methodist）牧師 Henry Schwartz（沖繩人都稱他シュワルツ師）所寫的英文原著《琉球島－傳教師的一章節》。Schwartz 英文原著的書名，也有收進 Kerr 老師所編寫的文獻目錄之中。我曾經為了目睹原著而至紐約曼哈頓那間巨大的公共圖書館搜尋，當我終於看到那本原典小冊子時的感動心情，也有被我寫入《異国と琉球》這本書中。

我先在首里博物館的展覽看到用日英雙語寫成的 Schwartz 一家人的傳教故事，之後再循著 Kerr 所寫的文獻目錄做進一步調查。後來我發現，原來 Schwartz 家有一位叫做 William 的兒子，當時正在九州的第七高等學校擔任英語老師，而且曾數次至沖繩探望居住在那裡的父母和妹妹。我後來會和 Kerr 老師聯絡上，也和當時持續追尋 Schwartz 家族的事蹟有關。這中間的詳細過程會再做說明，在此先描述收到 Kerr 老師珍貴信函的原委和經過。

Willam 有兩位妹妹，名字分別是 Anna 和 Laura。當我知道 Laura 小姐當時還住在夏威夷的時候，就馬上寫信和她聯絡。我還留有那封信的手寫拷貝，上面的日期是 1981 年 2 月 5 日。Laura 住在首里和那霸時的年紀大約是 14 或 15 歲，推算當時的年紀應該已經超過八十歲或更多。我當時帶著祈禱的心情將信從住處的 New Haven 郵局寄出。收件人的名字是 Laura S. Korn，中間名的 S 代表 Schwartz，住址則是檀香山。幸運地，該封信平順地寄達 Laura 小姐手中，然後接下來的發展則是遠遠超出自己的預料之外。

寄給 Laura 小姐的信函中有三張信紙和兩張複印的照片，以下是這封信件內容的摘要。我先自我介紹是那霸出身的沖繩人，幾年前在首里的博物館

中得知 Laura 小姐一家人在沖繩的傳教故事。之後我曾透過沖繩時報的專欄，將 Henry Schwartz 所寫的《琉球島－傳教史的一章節（1910 年增定版）》這本小冊子，以及其中的珍貴照片，還有其他外國人所寫的琉球‧沖繩見聞錄，陸續整理發表。附上歷史照片的第一張是取自傳教士父親的著作，那是一張那霸信徒們和傳教團體的合影。另一張複印則有兩組影像，包括我在首里博物館看到的穿著琉球服裝的 Anna 和 Laura 姊妹，以及可能是 Laura 和她先生的近照。信裡面還寫說，如果方便的話，除了 Laura 小姐的近況，是否也可以告知姊姊的 Anna，以及兩位的哥哥，也就是 William 先生的消息呢？當年聆聽過 Schwartz 一家人講解聖經，並向他們學習英語的信徒之中，包括有伊波普猷以及比嘉春潮（譯註：兩人都是有名的沖繩史學者）兩人在內。我將團體照中看起來像上述兩位的人頭標示起來，並且向 Laura 小姐求證。我知道這樣魯莽的詢問方式其實相當唐突，而且有點冒失，但當時除了如此大膽的詢問方式，也沒有其他方法可循。

　　給 Laura Korn 夫人的信件寄出十天之後，我收到回函，當時心頭的感動至今記憶猶新。該封回函共有五張信紙，以粗體鋼筆字密密麻麻寫了許多聞所未聞的故事，信紙的右上角寫有檀香山的住址，

下方則紀錄著 Feb. 15, 1981。以下是這一封回函的內容：

　　我的生日是 1899 年 10 月 16 日，我的記憶目前都還沒有問題，但關於沖繩那一段時期的朋友名字和長相，則幾乎都已經忘記了。而且，我所認識的朋友幾乎都在上次的大戰中過世，回到美國之後，我也不曾再去過日本或是沖繩。我的童年幾乎都在鹿兒島和長崎度過，1907 年的時候，父親在安里村通往首里的石板路邊蓋了一棟傳教用的住居，我就是只有在那一小段時間住在沖繩而已。哥哥曾在大學二年級或三年級的時候來找過我們。哥哥大約是從 1910 年起開始在第七高等學校教書，當時媽媽、哥哥和我三個人一起住在鹿兒島。當時的父親則和 Earl Rankin Bull 牧師一家人住在沖繩的家中。1915 年夏天，我們一家人就回美國了。關於沖繩的事情我記得不多，少數的例外是，記得媽媽的姊姊曾從沖繩帶了好多當地土產給我們。

　　還有就是，媽媽因為有戴眼鏡，所以每次坐馬車到鄉村去的時候，當地人都會稱呼媽媽是「眼鏡小姐」。有些人甚至認為，媽媽是「波上的眼鏡傳教士 Bettelheim」回來了。（譯註：波上是沖繩的地名，波上的眼鏡傳教士是指 Bernard Jean Bettelheim 傳教士。）

從父親留下的文書記錄中，我知道 Basil Hall 和 Herbert John Clifford 曾經到過琉球。Clifford 是一位充滿浪漫情懷的英國海軍軍人，他曾經在沖繩成立過教會。我們住在琉球的時候，來到那霸港的外國人會在船長的帶領下到我家拜訪，因為當時我們幾乎就是唯一一戶住在沖繩的外國人。

還有另外值得一提的記憶是，媽媽和姊姊曾經接受邀請到尚家（譯註：以前的琉球國王）作客，並成為尚氏侯爵的諮詢對象。當時侯爵有一位和 Anna 同齡的女兒，他們說女兒將來如果去到東京，可能也會和一些美國人見面，和美國人見面時，一般需要注意些什麼樣的禮節等等。媽媽之前曾在鹿兒島當過久津家（譯註：以前的薩摩藩主）小孩的家教，尚家應該是從久津家那裡得知媽媽去到沖繩的消息。當時的知事奈良原先生也常到我家作客。後來成為大學者的伊波普猷也有印象。我們很少出遠門，但曾經和一位上海來的客人一起坐馬車到中城遺跡那裡野餐。不管我們到哪裡，周圍總是有一群人過來圍觀我們這幾個罕見的「西洋人」。有一次，一位教會的朋友前來拜訪我們，臨行前他突然建議我們不妨去東町市場前的照相館拍張照片。於是我和姊姊就急急忙忙去租了沖繩服裝，然後又趕著梳理髮型，最後就是拍下你所附來的那張照片。至於我們夫婦

的那張合照，則是最近由一位叫作 Jack（George）Kerr 的朋友所拍攝。Kerr 就是有名的《沖繩：島人的歷史》一書作者，也是一位對沖繩有深厚感情的人。

幾年前，大田昌秀（譯註：前沖繩縣知事）先生曾在崎原貢先生的帶路下到我家拜訪。當時他好像正在蒐集早期沖繩移民的口述歷史，所以到我這邊來跟我錄了一些談話。和坐在書桌前寫字相較，對著麥克風講話還是比較輕鬆些。

講一下我們家人後來的發展。出生於 1888 年的哥哥後來一直在史丹福大學教授法語，1955 年的時候過世。比哥哥年輕兩歲的 Anna Dale Schwartz 姊姊則是在數年前過世，她一輩子沒有結婚。哥哥 William 的獨生女除了生有兩個女兒，還是一名律師，她常需要到日本、中國，以及世界各地工作。父親留下的文獻和圖書，都由他們夫妻管理保存。

　　謹此　　　　　　　　　　　　　　　　Laura Korn

PS：函件裡面所附的是我和姊姊合照的底片，請盡量使用。這些底片本來在 Jack Kerr 那裡，他之前曾經拿去沖印相片過。

等待數天之後收到的這封回信，隨附的 Laura
和姊姊在沖繩拍攝的珍貴底片，以及 Laura 的媽媽
被沖繩在地人稱爲「眼鏡傳教士」這兩件事，讓我
留下特別深刻的印象。小時候曾經聽那霸土生土長
的母親說，「以前在那霸東町那裡，曾有一位帶著
黑框大眼鏡，牽著一隻兇兇的外國狗，和太太一起
出來散步的外國人。」母親所說的，就是外表奇特
的「波上眼鏡傳教士」的 Bettelheim 一家人。

　　之後的意外發展是，我竟然收到 George Kerr
老師寄來的郵件。信件內容鄭重地用打字機寫成，
第一頁信紙的右上方紀錄著 Kerr 老師在檀香山的
住址，緊接在下方則是寫有 30 April 1981。這時我
才知道，原來 Laura 夫婦和 Kerr 湊巧都曾經在沖繩
居住過，因爲彼此有共通的經驗，所以他們在檀香
山也成了朋友。之前我在 2 月 5 日寫給 Laura 女士
的詢問信，以及後來的第二封回信，原來都已經轉
給 Kerr 老師看過。而且他們夫婦還對 Kerr 說，「如
果還有什麼事情想詢問山口先生，可以繼續和他聯
絡。」

　　Kerr 寄過來的郵件內容大意如下：

　　Dr. Laura Schwartz　Korn 將你在 2 月 5 日，以
及 4 月 19 日書寫的兩封郵件，還有附在裡面的那

幾張相片，都轉過來給我看過了。經過 Laura 女士的同意之後，在此想告訴你兩三件或許你會有興趣知道的事情。在 2 月 5 日的信件中，你向 Laura 女士提到，你想要知道「西洋人的沖繩研究，以及他們的觀點」。1954 年的時候，我在加州柏克萊大學就以兼任講師的身分，在那裡開始講授沖繩歷史概論。這是第一次有人在美國開設類似的課程。我也曾以上述的題目，再加上「1941 年的時候，華盛頓當局對沖繩了解多少，相關文獻又有多少？」這樣的題目舉行過講座（seminar）。講座成員的研究結果後來被整理成「The Ryukyu Islands: A Reference List of Books and Articles in English, French and Germany」這本小冊子（總共 33 頁，大約分成 64 個題目）。夏威夷大學有收藏自微膠捲復刻的版本。同一份微膠捲的拷貝本，最近也送了一份給琉球大學。琉球大學的「Bull 牧師藏書庫」收藏的資料雖然珍貴，但裡面許多照片的解說卻不盡正確。Bull 牧師其實有其不夠嚴謹的一面。4 月 19 日的那封信裡面有提到許多耐人尋味的事情。1816 年第一位向 Clifford 學英文的板良敷，是否後來在 1846 至 1854 年間也曾幫 Bettelheim 牧師做過事情？中間雖然有三十多年的間隔，但其可能性到底有多少？（作者註釋：關於板良敷的事情，Kerr 應該是和真榮平兩人搞混的結

果。同樣一件事情，Kerr 在其英文的著作中就寫得很清楚，沒有混淆。筆者在 6 月 4 日給 Kerr 的回信中，也有向 Kerr 解釋這件事情。）Kerr 老師在其來函中，對於 Bettelheim 也有諸多批評，但其解說需要耗費很多篇幅。有興趣深入瞭解的人，可以參考拙譯《沖繩：島人的歷史》一書的卷末解說。

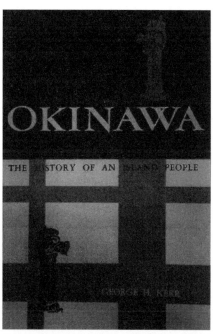

Kerr 在沖繩出版的書籍：《沖繩：島人的歷史》。

關於 Kerr 老師的另外一件重要事情是，Kerr 在訪問沖繩的時候曾至伊波普猷的墳墓致意。結果 Kerr 發覺，伊波的墳墓竟然沒有任何關於他成就的文字陳述，意外之餘他馬上將這件事情通知給縣政府的主管單位。之後眾所周知的是，如今在浦添已經有一塊表彰伊波普猷成就的正式紀念碑。寫這篇文章的時候，不禁再次想起，Kerr 老師後來是否還

記得這件事情，是否知道事情的後續結果。

　　在給 Kerr 老師的回信之中，我寫了很多事情，然後在 5 月 4 日將信寄出。其中的內容包括有，我告訴 Kerr，在琉球大學求學時的恩師外間政章教授曾針對 Perry 造訪琉球一事做研究，並且留下珍貴的成果，且對我在學習外國人與琉球歷史這門學問上有許多啓發。我也對 Kerr 表達謝意，並麻煩他代我向 Laura Korn 女士問好。和 Kerr 聯絡上後不久，也就是 1981 年的秋天，我出版了《異国と琉球》一書，在書的後記裡，我也有敘述我和 Kerr 及 Laura 在這段時間的互動。這次受邀參加本書的撰寫，除了對 Kerr 老師的回憶，也連帶讓自己想起更多壯年時代的事情，實在令人感念！

山口榮鐵

　　1938 年生於沖繩縣那霸市。琉球大學英文系
畢業之後，前往美國印第安那大學繼續攻讀理論
及應用語言學，先後取得碩士及博士學位。曾任
教於史丹福大學、普林斯頓大學，從耶魯大學東
亞語言學及文學系退休之後，擔任過沖繩縣立看
護大學英語科教授。

　　山口教授提倡並建立新學門「西方語言之
日本／琉球學」，並透過系列書籍闡釋「張伯倫
（ Chamberlain ）的日本／琉球研究」，這些著
作包括有，《チェンバレン日琉語比較文典
1975》、《玉堂チェンバレン——その琉球研究の記
録 1976 》、《琉球語の文法と辞典——日琉語比
較の試み（Chamberlain 原著之全譯本 2005 ）》、
《英人日本学者 チェンバレンの研究——（欧文
日本学）より観た再評価 2010 》，以及《沖
繩：島人的歷史》（ Kerr 原著之全譯本 2014 ）。
另有學術論文，〈英文琉学における初期の著作
『異国と琉球』〉（ 1981、1989 ）共十多篇。目
前居住於美國東部康乃狄克州，文學博士。

第十二章

東亞史學者George Kerr
的兩件往事

大城英一

接到比嘉辰雄先生的邀請，希望我能寫一篇關於 George Kerr 老師的文章時，其實並沒有把握能完成這樣的託付。最主要的原因是，筆者從沒機會和 Kerr 老師正式見面，所以實在無法寫出什麼回憶性的文章。

在不辜負編著者的熱情下，在此謹將從其他朋友處得知，與 Kerr 老師有關的往事書寫出來。Kerr 老師的一生精彩，在此整理出兩件令人印象深刻的回憶。

第一件事情發生在 1955 年，筆者當時正在琉球美國民政府情報教育部裡擔任翻譯人員。因為工作的關係，所以知道 Kerr 老師所寫的《沖繩：島人的歷史》一書被翻譯成日語的經過。當時沖繩的實際統治者是美軍，因為根據舊金山和約，沖繩是屬於託管給美國的土地。

筆者就讀於那霸高中時，學校開了一門叫做「琉球史」的選修課程。但可惜的是，當時願意選修該科目的學生很少。原因是琉球史並非大學入學考試的科目，所以熱衷於大學升學的學生們，大都對這門科目興趣缺缺。

筆者從以前就對沖繩的歷史抱持興趣，所以是少數選修該科目的學生。該科目的上課內容則包括有，運天港的故事、三山統一、中國與琉球的外

交、朝貢制度、東南亞與國際貿易、《思草紙》等充滿趣味的話題。

　　Kerr 老師所寫的《沖繩：島人的歷史》這本書，對於美國軍事和民政人員在沖繩組織政府並實行管理時，發揮了相當大的幫助。戰爭剛結束的時候，沖繩的居民對未來憂心忡忡。沖繩居民不知如何重新站起，也不知如何面對往後的問題，大家對未來充滿疑慮。

　　面對這一連串的不確定性，Kerr 的這本書，闡述了沖繩的發展理念與史觀，給予美軍和沖繩管理者們清楚的治理方向。Kerr 老師的歷史論述所給予的啟示是，沖繩的治理應該要以獨立琉球王國的黃金時代為目標重新出發。在美國軍事人員的計畫中，沖繩除了是以冷戰下的太平洋軍事基地做為建設目標外，他們還同時打算在沖繩建立起西方的民主制度。由於 Kerr 老師對沖繩的歷史發展觀點符合美國統治的需要，所以美國民政府便委託東京 USIS（United States Information Service）這個單位中的第二代日裔美人將此書翻譯成日文。民政府更進一步邀請 Kerr 老師至沖繩，希望他能直接向更多琉球人講述他對沖繩發展的理念。美國民政府的外事部長 Edward O. Freimuth 則提供研究經費，協助 Kerr 老師在沖繩本島、宮古島、八重山群島等地，進行長

達數個月的田野調查。該次計畫，對於 Kerr 在學術研究的發展上有明顯幫助。在戰後確立琉球史觀及理念的過程中，Kerr 老師有不可抹滅的貢獻。許多琉球人因此重新建立信心，可以勇敢面對未來。

第二件回憶則是與筆者在夏威夷大學留學時（1959-1964）有關。Kerr 老師當時住在夏威夷的檀香山。那段時間，他除了在有名的 Bishop 博物館任職，也持續投入東亞歷史的研究工作。

1959 年，美國將第一批來自沖繩的獎學金留學生送進夏威夷大學。當時夏威夷大學的夏季講座負責人為坂卷駿三教授。坂卷教授為了充實該校東亞史歷史學部的內容，曾經從京都購置寶玲文庫，加入大學的收藏。也曾聘請比嘉春潮和仲原善忠這兩位著名的琉球文獻學者至東西研究中心講學，帶動研究琉球歷史的風氣。歷史學者松田貢也曾獲邀至夏威夷大學，而且在坂卷教授的幫忙下，筆者亦有幸加入當時的研究團隊之中。

在當時的研究團隊裡面，令人難以理解的事情是，Kerr 這位白人學者與日本移民第二代的坂卷教授之間竟然存在著對立關係。對夏威夷的沖繩同鄉而言，兩人的對立成了尷尬問題。

在 Bishop 博物館工作的 Kerr 老師非常照顧從沖繩過去的留學生。在新年或是耶誕等大節日，都會

邀請留學生至他家同樂。許多一起留學的同窗，都說他們曾去過 Kerr 老師的家。

令人遺憾的是，筆者當時因為是坂卷教授研究小組的成員，幾乎沒機會和 Kerr 老師有直接接觸。而且因為對立關係的持續，使得筆者竟然在 Kerr 老師的生前都沒有機會和他認識，現在回想起來仍然覺得非常遺憾！

古人云「塞翁失馬、焉知非福」，但可惜的是，Kerr 老師和筆者之間的關係無法用這句話形容。Kerr 老師對於琉球歷史的研究，以及對於琉球史觀的建立，都有莫大貢獻，但筆者在感念之餘，卻也只能抱憾地為老師祈求冥福而已。

作者簡介

大城英一

圖書資訊博士。現職為「日米研究所」之教育經營顧問。前琉球美國民政府翻譯官，前印第安那大學推廣教育（ extension division ）主任，前洛杉磯日米文化會館圖書館長，前華盛頓特區美國天主教大學（ Catholic University of America ）圖書館長暨圖書館系主任。

Photo by Gage Skidmore. 夏威夷的王宮。

Photo by Mark Miller. 夏威夷王宮內部。

附記

　　編著者杜祖健博士對 Kerr 老師及夏威夷歷史的補充：

　　夏威夷原本是一個獨立王國。當年許多白人為了種植鳳梨而開始遷居夏威夷，最終，美國海軍陸戰隊直接進駐夏威夷，且將夏威夷女王趕出王宮。此後，夏威夷成了美國領土。

　　Kerr 認為夏威夷王國的歷史與沖繩非常相似。Kerr 老師直到晚年，都在夏威夷的東西研究中心從事沖繩歷史研究。Kerr 老師對夏威夷王國歷史也抱持興趣，而且打算投入相關的歷史研究。可惜的是，當時老師的年事已高、體力有限，而且來不及投入正式研究就不幸過世。

　　藉本書第十二章的篇幅，簡單敘述此事。

第十三章

與比嘉辰雄先生的交流

比嘉登美子

（比嘉辰雄夫人）

我的先生比嘉辰雄，以 GARIOA（Government Appropriation for Relief in Occupied Area）公費留學生的身分在俄亥俄州立大學取得博士學位後，因為要繼續到夏威夷大學 P. J. Scheuer 教授的研究室進行海洋天然物（Marine Natural Products）化學的博士後研究，一家人在 1971 年 9 月遷居夏威夷。

　　同年除夕，我們到夏威夷沖繩同鄉會長 Neal 吳屋（Neal Goya）家中參加聚會，在那裡我們認識了 George Kerr 老師。從那天之後到老師過世的二十年間，我先生與老師保持著往來。

　　我先生為了感謝 Kerr 老師對沖繩長年的關心和付出，希望將老師的各種事蹟記錄下來，讓更多後人知道。他曾計畫寫一篇文章，描述他與老師的互動經驗，可惜天不從人願，竟然來不及完成就在 2016 年過世。

　　以下是由我代筆寫下先夫生前對我和家人提起過，關於他和 Kerr 老師之間的一些故事：

　　我（比嘉辰雄）應該是在 1971 年 12 月 31 日，也就是除夕的那晚，第一次和 George Kerr 老師見面。當天晚上，夏威夷的沖繩同鄉會長 Neal Goya 先生邀請了大批的沖繩留學生到他位於海邊的美麗宅邸參加晚會。當晚在會場出現的人，除了有 Kerr 老

師，記得還有老師的朋友、日本文學研究者 Edward G. Seidensticker，以及女星京マチ子（Machiko）。

在那之前，我已經從同鄉暨同學安村弘先生那裡聽過 Kerr 老師。安村弘先生還在琉球大學英文系念書的時候，Kerr 老師正好來到沖繩做學術調查，安村那時也有參與並幫忙。我不確定當天在晚會上是否有和 Kerr 老師交談，但唯一可以確定的是，第一次和 Kerr 老師說話時，談話的內容就和安村弘先生有關。

我常常在星期天的圖書館，遇到穿著白短袖襯衫並打著領帶的 Kerr 老師。我曾經好奇詢問，為什麼來圖書館要打領帶，他的回答是：「因為圖書館是神聖的地方。」

Kerr 老師曾在 1950 年代初向沖繩美國民政府建議，美國政府要提供獎學金讓沖繩的學生到美國留學。老師很高興地說，他的提案後來造就了多名學者和領導者，這是相當令人高興的事情。

Kerr 老師曾經參訪過我在琉球大學的研究室。琉球大學在 1980 年代，由原本所在地首里，搬遷至位於西原的新校區。老師看著新校區的建築說，這和 1930 年代日本官僚設計的建築沒有兩樣，感覺好像他們就是把放在抽屜裡面的舊圖拿出來蓋新房子而已。老師批評說，那些學校建築，長得都一樣，

感覺不出什麼特色。老師當時還說，如果自己過世時有留下任何財產，就全部捐給琉球大學。

　　老師說他過世之後，想要將自己的骨灰灑在石垣島和小濱島之間那片清澈的海域，也就是我們所知道的（石西）珊瑚礁潟湖區。

　　有些沖繩人認為，Kerr 老師以前當過美國軍人，所以他是美國利益的代言人。但實際的情況完全不是如此，不管是關於美國的沖繩統治，或是日本處理沖繩問題的態度，老師都是保持批判的立場。不管是在沖繩或是台灣，只要老師看到不公不義之事，都是用主持正義的態度面對！

2016 年 12 月 16 日所舉行的「比嘉辰雄紀念研討會」。

2018 年比嘉辰雄老師與杜祖健老師共同出版 George Kerr 的日文版紀念傳記。比嘉老師與杜老師是在果亞（Goa）認識的，當年他們兩人至該地參加美國海軍和印度政府共同舉辦的「海洋生物活性物質（bioactive compounds）研討會」。也是在這個研討會上，兩人第一次知道，原來 George Kerr 老師與沖繩和台灣之間，都有著相當密切的關連。

後記

感謝George Kerr老師

吉原ゆかり
（YOSHIHARA Yukari）

2005 至 2006 年，我有幸到史丹福大學進行爲期一年的休假研究。那時候我已經把博士論文呈給校方（筑波大學），論文的探討內容爲一齣以日治時期的台灣爲舞台、改編自莎士比亞作品奧賽羅的戲劇（川上音二郎製作、主演，1903）研究。寫完論文，我想繼續從事和台灣有關的研究，但卻找不到具體方向，可說是我學術生涯的徬徨時期。

在史丹福進行研究時得知，一位名叫 George Kerr 的人曾在日治時期的台灣擔任英語教師，而且史丹福大學的胡佛研究所裡面收藏有關於此人的資料。在沒有特別認知的情況下，我進到胡佛研究所開始查詢 Kerr 的相關資訊。當時的我，連 Kerr 其實是一位對沖繩和台灣都有精闢研究的傑出學者一事也不知道。

進一步得知 Kerr 書信集（葛超智先生相關書信集 ，Correspondence by and about George H. Kerr，台北市二二八紀念館 ，2000）的編著者蘇瑤崇老師在台中靜宜大學任職後，我貿然拜託同是研究莎士比亞研究者的靜宜大學副教授陳怡伶老師介紹我與蘇瑤崇老師認識。面對我這突然到訪的不速之客，蘇老師不但大方接見，而且還慷慨分享了《葛超智先生相關書信集》，以及其他 George H. Kerr 研究的珍貴第一手資料（primary source）。這次的經驗，後來成了

我投入 George Kerr 研究的起點。蘇老師還進一步介紹以文化人類學角度研究 Kerr、且曾經寫過《極東の『フロンティア』—米国人歷史家が語る冷戦期の琉球と台湾》（2010）等書的泉水英計老師（神奈川大學），以及編輯英語最新版《Formosa Betrayed》（Camphor Press，2018）的 Jonathan Benda 老師與我認識。

在 Kerr 老師的引導下，我來到一處廣闊的新世界。對於日本統治時期的台灣，我有基本的了解，但對於日本離開後的台灣，我卻一無所知；在沖繩方面，對當地充滿苦難的歷史，我也只有淺薄的認知而已。透過對 Kerr 的研究，讓我在知識上有了新突破。我主要的研究興趣是，英語的文學和著作在亞洲與英美互動關係上所扮演的角色。所以得知 Kerr 老師是美國第一場亞洲專題講座（1950～1956），也就是史丹福大學與東京大學亞洲聯合講座的擘畫者，還有得知史丹福大學的胡佛研究所藏有 Kerr 的相關資料等事，都是與個人研究工作相關的重大發現。

今年（2022）一月，杜祖健老師看到我對 George Kerr 的研究後，透過筑波產業技術總和研究所的主任研究員稻垣英利老師，利用電子郵件與我取得聯絡。

以前曾拜讀過杜祖健老師與比嘉辰雄老師共同編著的《沖縄と台湾を愛した　ジョージ・Ｈ・カー先生の思い出》一書，並且從此書中得知和 Kerr 老師有關的許多事情。能被杜祖健老師注意到我的研究，並且進一步獲邀參加即將在台灣出版的書籍寫作，對我而言都是夢幻一般的事情。杜老師，真的非常感謝您！

　　目前最期待的是，希望新冠病毒的疫情早日結束，可以早日前往 San Mateo 拜訪老師。祝杜老師身體健康、生活愉快！

George Kerr先生年表／蔡岳熹

1911年11月7日	誕生於美國賓州Parkesburg
1929～1931年	就讀University of Richmond
1932年	於Rollins College取得哲學士學位
1935年	於夏威夷大學取得碩士學位
1935年	前往日本
1936年2月26日	在東京目睹二二六流產政變
1937年	完成《Traditional Arts in Contemporary Japan》
1937年8月1日	擔任台北高等學校英文教師
1941年3月	返美，進入哥倫比亞大學博士班
1941年夏天	於北卡羅來納州舉行日語夏令營
1941年12月7日	珍珠港事件爆發（美國時間）
1942年1月	加入美軍
1942年9月17日	發表《Politico-Economic Problems in Formosa》
1945年	二戰結束，10月24日第二次來台
1947年2月28日	台灣爆發二二八事件
1947年3月17日	被迫離台
1947～1949年	執教於華盛頓大學
1949年	執教於史丹福大學和柏克萊加大

1950年	擔任史丹福大學胡佛研究所助理研究員
1950年	於史丹福大學舉辦American Studies Seminar
1953年6月15日	發表《Ryukyu: Kingdom and Province before 1945》（紅皮書）
1956年	受麥卡錫主義迫害，離開史丹福大學
1958年	出版《Okinawa: The History of an Island People》
1960年	進行《The Cultural Survey of Ryukyu Islands》調查
1966年1月	出版《被出賣的台灣》
1971年	正式移居夏威夷
1972年6月9日	撰寫《沖繩旅行回想記》
1974年	出版《Formosa: Licensed Revolution and the Home Rule Movement, 1895~1945》
1986年	出版《面對危機的台灣》
1989年夏天	裝置心律調節器
1992年8月27日	於夏威夷過世
2006年6月1日	《被出賣的台灣》日文版發行
2018年3月1日	《ジョージ H. カーの思い出》發行

國家圖書館出版品預行編目 (CIP) 資料

島國知音－台灣問題專家葛超智其人其事 / 杜祖健
主編，蔡岳熹譯 . -- 初版 . -- 台北市：前衛出版社，
2022.08
　面；　公分

ISBN 978-626-7076-49-1(平裝)

1.CST: 葛超智 (Kerr, George H., 1911-1992)
2.CST: 傳記　3.CST: 文集

785.28　　　　　　　　　　　　　　111010661

島國知音 － 台灣問題專家葛超智其人其事

編　　者　杜祖健
譯　　者　蔡岳熹

選書企劃　林君亭
責任編輯　楊佩穎

美術設計　兒日工作室
內頁排版　NICO CHANG

出 版 者　前衛出版社
　　　　　地址：104056台北市中山區農安街153號4樓之3
　　　　　電話：02-25865708｜傳真：02-25863758
　　　　　郵撥帳號：05625551
　　　　　購書．業務信箱：a4791@ms15.hinet.net
　　　　　投稿．代理信箱：avanguardbook@gmail.com
　　　　　官方網站：http://www.avanguard.com.tw

出版總監　林文欽
法律顧問　陽光百合律師事務所
總 經 銷　紅螞蟻圖書有限公司
　　　　　地址：114066台北市內湖區舊宗路二段121巷19號
　　　　　電話：02-27953656｜傳真：02-27954100

出版日期　2022年8月初版一刷
定　　價　新台幣350元

ISBN：978-626-7076-49-1
ISBN：9786267076514（EPUB）
ISBN：9786267076507（PDF）

*請上『前衛出版社』臉書專頁按讚，獲得更多書籍、活動資訊
https://www.facebook.com/AVANGUARDTaiwan